W0199507

Christoph Breitenmoser

Die Wirkungspyramide

Oder warum voll daneben auch o.k. sein kann

FUX&RABE

ISBN 978-3-9522-4777-8
© 2019 – Kopiert so viel ihr wollt.

Meinen Synapsen.
Ihnen verdanken wir dieses Buch.

Und meinen Eltern, die an deren Ausformung nicht unwesentlich beteiligt waren.

Inhalt

An meine werten Leser/innen

In diesem Buch habe ich versucht, möglichst ausgewogen die weibliche und männliche Schreibweise zu verwenden. Vielleicht ist mir das nicht vollends gelungen. Jene unter Ihnen, die erstens nachzählen und sich zweitens benachteiligt fühlen, mögen mir meine Ungenauigkeit bitte nachsehen.

Ein Wort vorab

Während über dreißig Jahren Tätigkeit als Personalverantwortlicher, Projektleiter, Berater, Trainer und Coach habe ich mich mit unzähligen Menschen auf allen Führungsebenen befasst – und der Art und Weise, wie sie in ihren gegebenen (günstigeren oder ungünstigeren) Strukturen agieren und interagieren. In einer Zeit, wo Veränderungen und damit verbundene individuelle und/oder kollektive Unsicherheiten, Ängste und Widerstände an der Tagesordnung sind, liegt es beinahe auf der Hand, dass es dabei immer wieder um Themen wie Teambildung, Kommunikation und Konfliktlösung ging und geht.

Natürlich habe ich gängige Modelle und Theorien konsultiert, um meinen Klientinnen und Klienten Ursache und Wirkung in bestimmten Konstellationen und Situationen nahezubringen – aber die erklärten aus meiner Sicht entweder nicht zureichend oder aber viel zu ausufernd, wie beispielsweise ein Konflikt funktioniert, wie wir Veränderungen am besten managen oder warum und wie wir gewisse Dinge tun – oder eben nicht tun. Aber nirgends fand ich ein Modell, das auf einfache Art und Weise verständlich macht, welche Faktoren unser Verhalten und somit unsere Wirkung auf andere beeinflussen – oder jenes der anderen mit Wirkung auf uns. Denn letztendlich geht es ja unentwegt um nichts anderes: Was möchte ich bei meinem Gegenüber bewirken? Und warum gelingt mir das im einen Fall und im anderen eben nicht? Warum verhält sich mein Gegenüber so oder anders? Und was bewirkt das bei mir?

Also machte ich mich daran, mein eigenes Modell zu entwickeln. Es reihte sich Skizze an Skizze, bis ich es eines schönen Tages wagte, eine PowerPoint-Seite an die Wand zu projizieren (ich glaube, es war im Rahmen eines Seminars zum Thema Kommunikation – was denn sonst?), die ich mit dem klangvollen Titel «Wirkungspyramide» überschrieben hatte. Noch etwas schwerfällig erklärte ich das zugrunde liegende Prinzip und … ertrank beinahe im Schweigen. Die Augen meiner Zuhörerinnen und Zuhörer wanderten von der Leinwand zu mir und wieder zurück, und irgendwann (der kalte Moderatorenschweiß stand mir bereits auf der Stirn) stellte ich die bange Frage: «Können Sie das nachvollziehen?»

Ganz ehrlich, die Rückmeldungen überraschten mich und schmeichelten mir zugleich: «Jetzt verstehe ich, warum mich eine bestimmte Person regelmäßig in Rage bringt ...» «Bedeutet das, ich hätte meine Rolle besser klären sollen ...?» «Noch nie habe ich ein Schema gesehen, das auf so einfache Art und Weise erklärt, was da zwischenmenschlich in unserem Team abgeht ...» Und so weiter. Jedenfalls trage ich meine Pyramide (oder vielmehr das, was daraus geworden ist) seither immer in Plakatgröße mit in meine Seminare – egal zu welchem Thema –, denn um Verhalten und Wirkung geht es ja fast überall. Nein, falsch: ÜBERALL!

Und noch eine kurze Bemerkung zum Schluss meines Vorworts (liest das überhaupt jemand?): Alles, was ich Ihnen auf den folgenden Seiten darlege, entbehrt fast gänzlich wissenschaftlicher Erklärungsversuche. Ich setze mir weder den Hut eines Kommunikationsexperten noch den eines Psychoanalytikers auf. Ich bin Pragmatiker und (so weit als möglich) Freigeist und bediene mich allgemein zugänglichen Wissens, ohne mich verpflichtet zu fühlen, dieses konsequent, das heißt: unverfälscht weiterzugeben. Vielmehr gestehe ich mir (wie auch anderen) den Freiraum zur Reflexion, Interpretation und Weiterentwicklung zu. Sollte dies jemanden stören, bitte ich ihn oder sie, dieses Büchlein gleich wieder beiseitezulegen. Und sollten Sie es trotzdem lesen, verwehre ich mich jeglicher wissenschaftlicher Grundsatzdiskussion.

Und ganz zuallerletzt: Alles hier Geschriebene entstammt (außer entsprechend bezeichnete Stellen) ausschließlich meinem eigenen bescheidenen Intellekt und ist als nichts anderes zu verstehen als eine Reihe von Denkansätzen für Leute, die sich zwar für zwischenmenschliche Kommunikation und Interaktion interessieren, jedoch (wie ich) keine Lust verspüren, tonnenschwere Abhandlungen durchzuackern, um sie bei späterer Gelegenheit in halbseitigen Fußnoten zu zitieren.

So bin ich eben. Keine Ahnung, welche Wirkung ich damit auf SIE haben werde.

Oh je, hoffentlich eine gute!

November 2019
Christoph Breitenmoser

Über die Wirkung – oder warum meinem Hund das alles scheißegal ist

Tja, wenn zwischenmenschliche Interaktion so einfach wäre wie physikalische. Dort nämlich trifft eine bestimmte Masse mit einer bestimmten Geschwindigkeit in einem bestimmten Winkel auf eine andere Masse mit einem anderen Gewicht – und dann macht es «Peng!». Was da genau passiert, entzieht sich meiner profunden Kenntnis, lässt sich aber mit modernster Messtechnologie und geeigneten mathematischen Formeln auf tausend Kommastellen genau berechnen. Oder profaner ausgedrückt: Fliegenklatsche, auf 60 km/h beschleunigt, macht – frontal getroffen – kleine Stubenfliege tot; aber kleine Fliege, die mit 10 km/h frontal gegen eine Scheibe prallt, hat höchstens ein bisschen Kopfschmerzen. Auf keinen Fall müssen Sie danach die Scheibe ersetzen.

Absolut nicht berechnen lässt sich hingegen, was passiert, wenn ich zum Beispiel meiner Kollegin im Fahrstuhl spontan ein Kompliment mache oder versuche, meinem Kollegen während der Kaffeepause ein konstruktives Feedback zu seiner letzten Präsentation vor dem Verwaltungsrat zu geben. Wobei ich betonen möchte, dass die Begriffe «Kollegin» und «Kollege» bei den genannten Beispielen vorbehaltlos auswechselbar sind ... Ich möchte mich ja keinesfalls des Chauvinismus, des Sexismus oder eines der vielen anderen «-ismen» schuldig machen, mit denen wir unsere Mitmenschen so gerne und so schnell klassifizieren.

Jedenfalls ist Wirkung erzielen – oder vielmehr: die GEWÜNSCHTE Wirkung erzielen – bei uns Menschen eine äußerst vielschichtige Angelegenheit. Dort, wo bei unserem Hund natürliche Reflexe, bescheidene und wahrscheinlich unbewusste Gefühlswelten (eine unbewiesene Unterstellung meinerseits) sowie etwas Dressur ins Spiel kommen, wenn er beispielsweise einem anderen Hund begegnet oder dem Briefträger, setzen beim *homo sapiens* hochkomplexe Vorgänge ein, die wir nur bedingt steuern. Beziehungsweise umso mehr, als wir uns ihrer bewusst sind.

Aber warum ist das so? Warum sind wir Menschen um so viel «komplizierter» als der ganze Rest unserer Planeten-Mitbewohner? Nun, ziehen wir zur Beantwortung dieser Frage einfach mal das Alte Testament zurate und schlagen es ziemlich weit vorne auf. Ja, genau dort, beim Baum mit den verbotenen Früchten. Gemäß dieser biblischen Metapher würden Adam und Eva nämlich des Paradieses verwiesen werden, wenn sie es wagen sollten, davon zu naschen. Alles andere stand sozusagen *à discrétion* zur Verfügung – nicht aber diese verlockenden Früchtchen. Zu verlockend! Der Bibelkundige weiß, wie sich der berühmt-berüchtigte «Sündenfall» entwickelte: Eva konnte dieser Regel absolut keinen Charme abgewinnen und verführte schließlich auch ihren Adam, in die fürwahr köstliche Frucht zu beißen. Und das war's dann mit dem Paradies! Vom Baum der Erkenntnis – das war er nämlich, dieser Baum – also, von diesem zu stibitzen, hieß nichts anderes, als sich seines Daseins und seiner Vergänglichkeit schlagartig bewusst zu werden. Was?

Lucas Cranach d. Ä.:
Der Baum der Erkenntnis;
Ausschnitt des Gemäldes «Paradies»
im Kunsthistorischen Museum, Wien

Ich kann sterben? Ich WERDE sterben?! Ja, was soll denn das Ganze? Warum bin ich hier? Wer denkt an mich, wenn ich tot bin? Und so weiter und so fort. Fazit: Mit diesem Bewusstsein ist ein jeder Mensch zum Mittelpunkt SEINES Universums geworden. Und alles drehte und dreht sich fortan nur noch um die eine Frage: Was will ich hier auf dieser Welt in der mir gegebenen begrenzten Zeit bewirken? Und wie?

Abraham Maslow (1908 – 1970) beschrieb dieses Streben Mitte des letzten Jahrhunderts anhand seiner mittlerweile nicht mehr ganz unangefochtenen «Bedürfnispyramide» mit dem Drang nach Anerkennung (die 4. Stufe der Bedürfnisbefriedigung) und Selbstverwirklichung (die 5. Stufe). Glücklicherweise müssen wir dafür heute nicht mehr unseren Bruder ermorden, unseren geliebten Sohn einem «unergründlichen» Gott opfern oder eine Armee von Ägyptern im Roten Meer ersäufen (alles ebenfalls im Alten Testament nachzulesen) – aber wir haben andere und vielfältigere Wege gefunden, die wir mehr oder weniger aktiv begehen.

Ich werde Ihnen in den folgenden Kapiteln acht Einflussebenen beschreiben, die im Zusammenspiel unser Verhalten und somit unsere Wirkung auf andere bestimmen. Wenn ich nun auf jeder Ebene gerade nur mal zwei mögliche Einflussqualitäten zulasse, nämlich erstens, meiner gewünschten Wirkung zuträglich, und zweitens, meiner gewünschten Wirkung entgegenwirkend, ergeben sich daraus rein rechnerisch 2^8, d.h. 256 Nuancen, wie ich bei meinem Gegenüber ankomme. Und das in jedem einzelnen Moment. Noch komplizierter wird es natürlich, wenn ich nicht einer Einzelperson, sondern einer ganzen Gruppe von Individuen gegenüberstehe. Ganz zu schweigen davon, dass ich für diese Berechnung einfach mal außer Acht gelassen habe, dass alle anderen auch wieder auf acht Ebenen funktionieren.

Krass! Ist aber so. Oder wäre so, wenn uns in der Sozialisationsphase unseres

Lebens nicht gewisse Wahrnehmungs-, Gefühls-, Denk- und Handlungsmuster gegeben würden, die diese Möglichkeiten auf ein erträgliches Maß reduzieren. So wissen wir zum Beispiel, dass A) ein offener Blick und ein Lächeln meist gut ankommen, hingegen B) lautes Furzen in der Öffentlichkeit allgemeine Missbilligung auf uns zieht. In unserem Kulturkreis, wohlgemerkt! Nichtsdestotrotz ist nicht auszuschließen, dass wir, je nach Situation und Konstellation, für A ein blaues Auge kassieren und für B anerkennend auf die Schulter geklopft werden.

Echt anstrengend, diese Wirkung! Es gibt Momente, da wünsche ich mir, ich wär' mein Hund.

Das Grundprinzip – oder was es mit der lockeren Schraube auf sich hat

Die «Wirkungspyramide» ist im Grunde sehr einfach zu verstehen, beschreibt sie doch acht mehr oder weniger greifbare Ebenen – nennen wir sie «Einflussebenen» –, die unser Wesen, unsere Art zu empfinden, zu denken, zu reden und zu handeln steuern. Und somit unsere Wirkung auf unser Gegenüber. Die Anordnung der Ebenen ist natürlich nicht zufällig. Ich gehe nämlich davon aus, dass, je tiefer eine Ebene liegt, desto unbewusster sie den meisten von uns sein mag. Glauben Sie nicht? Dann stellen Sie sich zum Beispiel einmal die Frage, welche Motivation Sie im Leben oder im Beruf antreibt. Oder welche Erfahrungen und Lebensumstände Ihre Persönlichkeit am meisten geprägt haben. Gar nicht so einfach, nicht wahr? Umgekehrt fällt es Ihnen wahrscheinlich leicht, Ihre familiäre Konstellation aufzuzeichnen, Ihr Unternehmen mittels eines Organigramms darzustellen oder die Inhalte Ihrer Tätigkeit, die Sie dort ausüben, zu beschreiben.

Eine weitere Betrachtung, die für diese Anordnung spricht, ist die Unterscheidung von eher emotionalen Ebenen von den eher rationalen Ebenen. Wo würden Sie die Grenze ziehen? Ich habe diese «T-Linie», wobei «T» für «tendenziell» steht, zwischen unserer intrinsischen Motivation und unserem Wissen gezogen.

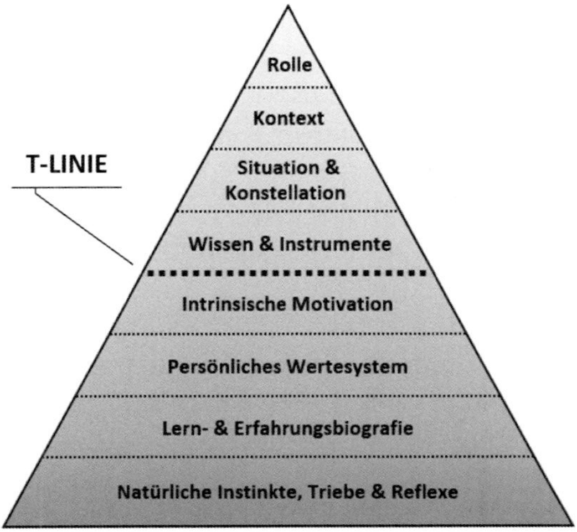

Acht «Einflussebenen» steuern unser Wesen, unsere Art zu empfinden, zu denken, zu reden und zu handeln.

Letzteres können wir relativ einfach in Worte fassen oder in unserem Lebenslauf dokumentieren; wir können meistens auch problemlos unser aktuellstes Projekt umschreiben – und für unsere Rolle gibt es im Unternehmen eine Stellenbeschreibung oder auf dem Fußballplatz eine klar zugewiesene Position. (Welcher Torwart hält sich schon im Strafraum des Gegners auf?) Aber fassen Sie einmal in Worte, warum Sie eine Kritik so sehr berührt, was das mit Ihrem Vater oder Ihrer Mutter zu tun hat, oder warum Sie instinktiv auf Angriffsposition gehen, sobald sich eine gefühlt bedrohliche Person Ihrem Partner oder Ihrer Partnerin gegenüber (zu) nett verhält.

Aus demselben Grund gehen wir mit den höher gelegenen Schichten unseres Seins meist problemlos öffentlich um: Wir reden über unseren Job, unseren unfähigen Chef, die positive Entwicklung unserer Kinder... Aber bereits, wenn es um unsere Motivation geht, zum Beispiel bei einem Vorstellungsgespräch, fängt bei vielen die Flunkerei an. Schließlich sitzt uns da ein

Fremder gegenüber. Und wir antworten: «Ich möchte beruflich einen Schritt nach vorne machen und mich in Ihrem Unternehmen weiterentwickeln.» Wo doch die Wahrheit wäre: «Ich möchte möglichst schnell zu viel Geld kommen, damit ich mir eine Jacht an der Côte d'Azur zulegen kann, mir die Frauen zu Füßen liegen und ich meine Tage dem Müßiggang widmen kann.» Was wir natürlich auch tunlichst vermeiden, ist, gegenüber der Allgemeinheit unsere traumatischen Kindheitserfahrungen zu offenbaren oder unser noch immer gebrochenes Herz, weil unsere erste große Liebe uns damals den Laufpass gegeben hat. Ganz zu schweigen von den Fantasien, die unseren niedrigsten Instinkten und Trieben erwachsen: Die gehen mal ganz schön nur uns selbst was an!

Kurz: Wir schützen die tieferen Schichten unseres inneren Universums – entweder, weil wir selbst nicht wissen, was genau sich dort abspielt, oder weil wir die Erfahrung gemacht haben, dass wir an diesen Stellen am verletzlichsten sind. Erst wenn wir gegenüber einer anderen Person ein gewisses Maß an Vertrauen aufgebaut haben, sind wir bereit, ihr ein kleines Fensterchen zu diesen Welten zu öffnen.

Fassen wir zusammen: Unter der T-Linie eher unbewusst, emotional und privat – oben tendenziell bewusst, rational und öffentlich. Daraus darf man durchaus folgern – und hier sind wir bei der vierten und fünften Betrachtungsweise, die für diese Anordnung sprechen –, dass wir an den höher gelegenen Ebenen leichter und schneller «an Schräubchen drehen» können (und wollen) als an den tieferen. Aus dem einfachen Grund, weil wir uns über der T-Linie eher in sachlichen Gefilden tummeln und darunter in tendenziell persönlichen. Einen Kontext beispielsweise können Sie relativ leicht ver-

dynamisch
sachlich
bewusst
rational
öffentlich

-----T-----

privat
emotional
unbewusst
persönlich
statisch

ändern, indem Sie gemeinsam mit Ihrem Team ein Ziel formulieren, präzisieren oder anpassen (nur so lange natürlich, als dieses Ziel nicht Ihrer Motivation zuwiderläuft) – aber damit Sie Ihre Werte über den Haufen werfen, braucht es entweder ziemlich viel Überzeugungskraft von außen oder ein einschneidendes oder gar traumatisches Erlebnis, das Sie in Ihren Grundfesten erschüttert. Und was unsere Instinkte und Reflexe betrifft: Der berühmte Überlebensinstinkt wird in einem gesunden Geist wohl immer die Oberhand behalten. Außer Sie schaffen es, ihn auf anderen Ebenen auszutricksen. Schräubchen drehen eben, oder festziehen, sollte das eine oder andere – sprichwörtlich formuliert – ganz einfach locker sein.

An dieser Stelle muss ich mir nun selbst widersprechen, habe ich zu Beginn dieses Kapitels doch festgestellt, dass im Grunde alles recht einfach sei. Ist es aber nur bis hierhin. Denn wie man aus den letzten Zeilen heraus spüren kann, ist das Ganze keineswegs so statisch, wie es sich hier auf dem Papier darstellt. Im Gegenteil: Die verschiedenen Einflussebenen stehen gegenseitig in ständiger Wechselwirkung. Jede Wahrnehmung, ob bewusst oder unbewusst, reichert zum Beispiel unsere Lern- und Erfahrungsbiografie an, welche ihrerseits – je nach Gewicht der Wahrnehmung oder wie wir sie interpretieren – mehr oder weniger Einfluss auf unser Wertesystem, unsere Motivation und/oder andere Ebenen nehmen kann. Wenn sich beispielsweise unsere Motivation verändert, kann es durchaus sein, dass wir in der Folge unser Wissen anreichern, den Kontext verändern oder eine andere Rolle einnehmen möchten.

Der (sicher etwas hinkende) Vergleich mit meinem Computer macht diese Vorgänge etwas anschaulicher: Die Einflussebenen funktionieren wie Dienstprogramme, die im Hintergrund permanent laufen – aber nicht unabhängig voneinander, sondern sich gegenseitig beeinflussend. Das heißt, Programm A updatet Programm B, Programm B Programm C usw. Wobei wir ja wissen,

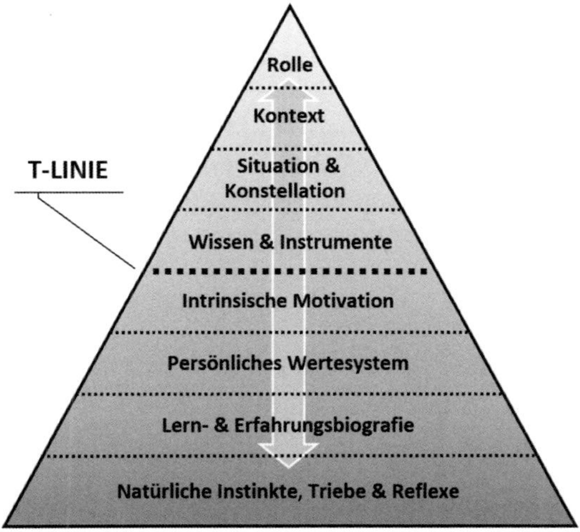

Die acht Einflussebenen stehen untereinander in ständiger Wechselwirkung.

dass nicht alle Updates wirklich besser sind als deren Vorgängerversionen. Jedenfalls ist hier ein immerwährender Prozess im Gange, der bereits in der Geborgenheit des Mutterleibs einsetzt und nicht aufhört (auch nicht, wenn wir schlafen), bis wir eines schönen Tages unserem irdischen Dasein Lebewohl sagen. Und wenn wir der Parapsychologie glauben, sogar darüber hinaus. Aber das ist ein anderes Thema.

Natürlich werden wir uns noch den einzelnen Ebenen im Detail widmen, aber es macht durchaus Sinn, zuerst noch das Gesamtkonstrukt, in welchem diese eingebettet sind, in Augenschein zu nehmen. Dafür möchte ich (wie schon viele andere vor mir) den österreichisch-amerikanischen Soziologen und Kommunikationswissenschaftler Paul Watzlawick (1921 – 2007) zitieren, der unter anderem die Prämisse formulierte, «dass es nicht möglich sei, NICHT zu kommunizieren». Das bedeutet nichts anderes, als dass wir – ob wir das nun wollen oder nicht – in einer immerwährenden Interaktion mit unserer Mitwelt stehen. Wobei der Begriff «Mitwelt» sowohl für unsere Mitmenschen steht als auch für alles andere, das uns umgibt. Wie bitte? Wir tauschen uns mit einem Laternenpfahl aus? All jenen, die das nicht glauben wollen, rate ich, einen entsprechenden Feldversuch zu unternehmen und im Schritttempo ungebremst gegen einen solchen zu latschen.

Die Reaktion oder vielmehr die Nicht-Reaktion des Pfahls wird sich schmerzhaft in Ihre Lern- und Erfahrungsbiografie einreihen. Und auch Ihr Wissen wird sofort angereichert, nämlich mit dem Fakt, dass verzinkter Stahl ganz schön hart ist. Jedenfalls begleiten uns Aktion und Reaktion, Input und Feedback auf Schritt und Tritt – und geschehen so beiläufig wie das Atmen. Und meistens auch so unbewusst.

So weit, so gut. Bleibt nur noch festzuhalten, dass wir, egal, ob wir Input oder Feedback geben, agieren oder reagieren, immer eine Wirkung auf andere erzeugen.

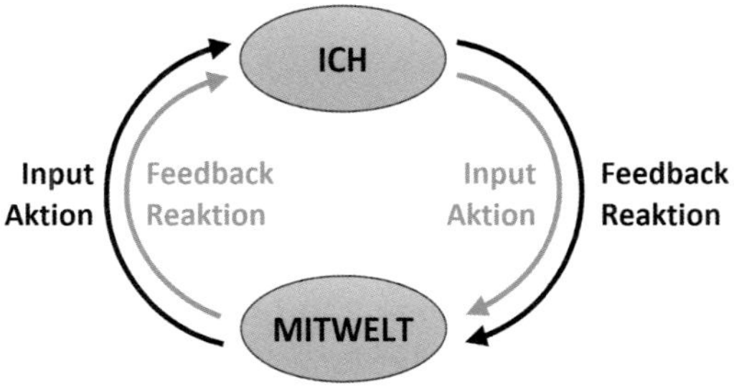

Wir stehen mit unserer Mitwelt in permanenter Interaktion – ob wir wollen oder nicht.

Wobei es stark von unseren Filtern abhängt, in welcher Form wir auf unsere Mitwelt wirken. Oder sie auf uns.

A) Der Wahrnehmungsfilter

Der Wahrnehmungsfilter bestimmt, wie viele und welche der Informationen, die uns gerade zur Verfügung stehen, wir aufnehmen. Was die quantitative Reduktion betrifft, können wir uns glücklich schätzen, denn würde dieses System nicht greifen, würde uns mit Sicherheit die Birne platzen, um es einmal salopp auszudrücken. Denn egal, wo wir uns gerade befinden, stehen uns Millionen und Abermillionen Informationen zur Verfügung. Glauben Sie nicht? Dann schauen Sie sich Ihr Wohnzimmer einmal ganz genau an. Suchen Sie jeden Quadratzentimeter minutiös ab. Sehr schnell werden Sie feststellen, dass die weiße Wand eine filigrane, unregelmäßige Struktur besitzt und das Parkett alles andere als einfarbig ist, sondern Hunderte verschiedener Brauntöne aufweist. Im Alltag nehmen Sie aber nur gerade eine weiße Wand und ein hellbraunes Parkett wahr. Ganz anders ein Schreiner oder Maler – die nämlich würden, mit deren professionellen Augen betrachtet, auf den gleichen Flächen etwas ganz anderes entdecken, nämlich einen Rauputz bzw. ein Eichen-Fischgrätparkett. Mit anderen Worten ausgedrückt, reduziert unser Wahrnehmungsfilter die Menge der Informationen auf ein erträgliches und (meist) nützliches Maß.

B) Der Interpretationsfilter

Der Interpretationsfilter bestimmt, wie wir das Wahrgenommene bewerten. An diesem Punkt stellen wir Verbindungen zu Erfahrungswerten her, stufen ein, schubladisieren und versehen die Dinge mit Prädikaten wie gut/schlecht, schön/hässlich, nützlich/unnütz, angenehm/unangenehm etc. Sie beginnen zu ahnen, welch entscheidende Rolle unsere acht Einflussebenen, diese mehr oder weniger bewussten «Dienstprogramme», einnehmen … Aber dazu kommen wir gleich.

C) Der Handlungsfilter

Ganz zuletzt übernimmt der Handlungs- oder Kommunikationsfilter das

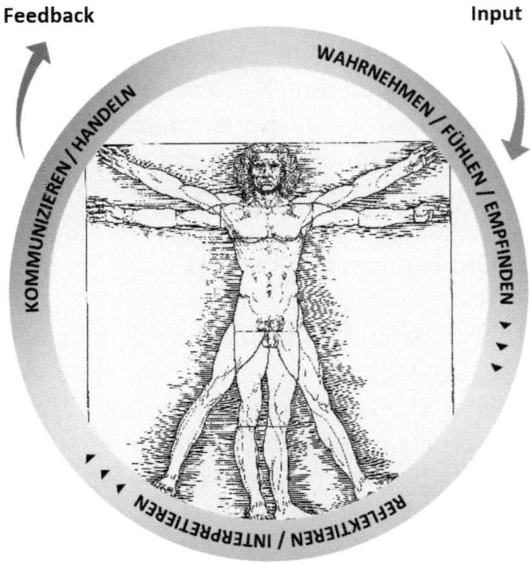

Ein Input durchläuft (im Idealfall) drei Filter: Wahrnehmung, Interpretation, Handlung

Abb.: Leonardo da Vinci, «Der vitruvianische Mensch»

Ruder. Denn je nachdem, wie wir mit entsprechenden Instrumenten ausgestattet sind und uns derer der Situation, der Konstellation und dem Kontext entsprechend differenziert bedienen, können unsere Aktionen oder Worte (und somit unsere Wirkung) so oder anders ausfallen. Was nützt mir zum Beispiel ein großer Wortschatz, wenn ich rhetorisch Mühe habe, daraus klare Aussagen zu formulieren? Und warum kommt mein Kompliment zynisch rüber, nur weil meine Körpersprache, meine Mimik, meine Gestik und mein Lächeln nicht kongruent sind?

Um zu veranschaulichen, was diese drei Filter bewirken können, möchte ich Ihnen die fiktive Geschichte von Albert und Bruno erzählen, zweier alter Schulfreunde, die nach dreißig Jahren erstmals wieder Kontakt aufnehmen und spontan beschließen, eine Wochenendreise nach Köln zu unternehmen. Vielmehr verabreden sie sich, da Albert in Hamburg und Bruno in Zürich lebt, samstagmittags vor dem Hauptportal des Doms.

Nach überschwänglicher Begrüßung zeigt Albert zum Dom und sagt: «Eindrucksvoll, nicht wahr?» Was Bruno mit «Ja, krass!» kommentiert. Offenbar gleicher Meinung machen sich die beiden zu einem Gasthaus auf und befinden sich eine halbe Stunde später in einem hitzigen Streit bezüglich des berühmten Bauwerks. Sie vermuten bereits, was da passiert ist? Gut. Trotzdem möchte ich es mir nicht nehmen lassen, den Ursprung dieses plötzlichen Konflikts in einer kleinen Tabelle darzustellen.

	Albert	**Bruno**
Person	Architekt, Ästhet, Katholik	Fabrikarbeiter, Sozialist, Atheist
Was sie sehen	Kölner Dom	Kölner Dom
Wahrnehmung	Bögen, Säulen, Türme, Wasserspeier, Statuen	eine riesige Kirche

	Albert	Bruno
Inter-pretation	ein Wuderwerk der Architektur, erbaut zu Ehren Gottes	ein Mahnmal der religiösen Unterdrückung und Ausbeu-tung
Feedback	«Eindrucks-voll!» Eine undifferenzierte Aussage, die er vorbehaltlos positiv und bewundernd meinte.	«Krass!» Ebenfalls eine undifferenzierte Aussage; er wollte damit seiner Abscheu Ausdruck verleihen.

Nur zu blöd, dass die beiden, noch vor dem Dom stehend, meinten, der jeweils andere stimme mit seiner Bemerkung der eigenen Meinung zu. Ein Irrtum, der sich dann eben erst im Gasthaus herausstellte und einen Graben zwischen den Freunden aufriss.

Sie spüren es: Die Fäden beginnen zusammenzulaufen. Wir können nicht von Wahrnehmung, Interpretation und Feedback sprechen, ohne die Einflussebenen beiseitezulassen; und immer wieder müssen wir unsere Mitwelt mit einbeziehen. Isoliert dargestellt macht nämlich weder die eine noch die andere Betrachtung wirklich Sinn. Zusammenfassend dürfen wir uns an folgenden Punkten orientieren:

- Die Einflussebenen steuern unsere Wahrnehmungs-, Interpretations- und Handlungsfilter. Genauso verhält es sich auch bei jedem anderen Individuum in unserer Mitwelt.

- Jegliches Feedback, das ich erhalte, spricht über Wahrnehmung und Interpretation eine oder mehrere meiner Einflussebenen an. Oder verändert sie sogar.

- Die Einflussebenen beeinflussen sich gegenseitig – mal günstig, mal weniger günstig.

- Alles ist ständig und in jeder Richtung in Bewegung.

All diese Teilbetrachtungen habe ich im Modell auf der folgenden Seite ineinander verschachtelt – und es lässt erahnen, dass es im Prinzip sehr einfach ist, in seiner täglichen bewussten Anwendung aber auch sehr komplex sein kann.

Aber das ist ja nur meine Wahrnehmung, meine Interpretation. Sie dürfen es ruhig anders sehen, wenn Sie möchten.

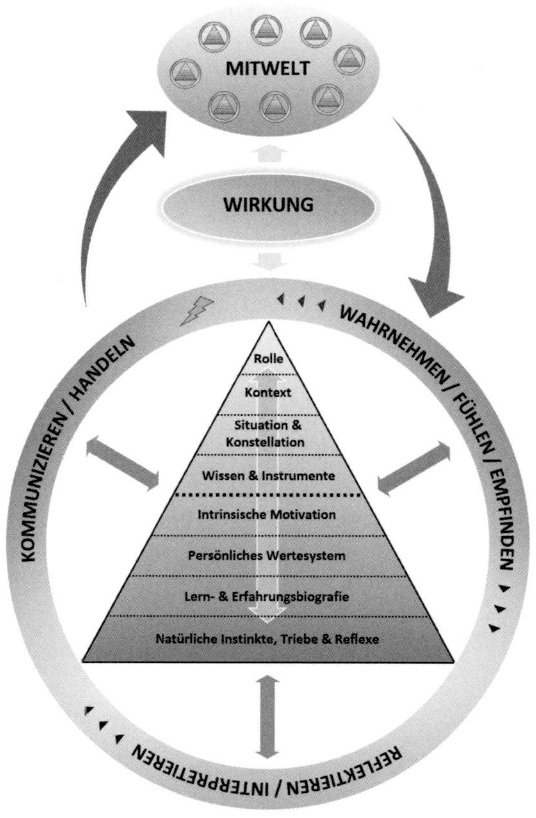
MITWELT
WIRKUNG
WAHRNEHMEN / FÜHLEN / EMPFINDEN
REFLEKTIEREN / INTERPRETIEREN
KOMMUNIZIEREN / HANDELN
Rolle
Kontext
Situation & Konstellation
Wissen & Instrumente
Intrinsische Motivation
Persönliches Wertesystem
Lern- & Erfahrungsbiografie
Natürliche Instinkte, Triebe & Reflexe

Augen nicht mehr so scharf?

Das Wirkungs-Modell in Großformat können Sie mittels nachstehendem QR-Code direkt auf Ihr Smartphone oder Tablet herunterladen.

Von natürlichen Instinkten, Trieben & Reflexen – oder warum mein Kumpel trotzdem schmeckt

Sie haben es ja schon gelesen: Mit der Nascherei vom Baum der Erkenntnis hat der Mensch realisiert, dass er verletzlich, sterblich ist. Nicht nur als Individuum, sondern auch als Spezies. Deshalb schreit unser Körper unentwegt nach Nahrung, Sicherheit und Fortpflanzung. Überleben lautet die Devise! Wen wundert's also, wenn ein Neugeborenes, kaum hat es das Licht der Welt erblickt, losschreit wie am Spieß? Schließlich ist die neue Umgebung bedrohlich, die kleinen Lungen verlangen nach Sauerstoff und der Magen nach … Ja, nach was? Dass dieses WAS nährende Muttermilch ist und wie das Baby dazu kommt, sind zwei der ersten Lernerfahrungen in seinem jungen Leben. Aber dazu später.

Jedenfalls ist unser Lebensdrang – sowohl als Individuum als auch als Gattung – der Grundton, der unser ganzes irdisches Dasein begleitet. Einige berühmte Psychoanalytiker gehen sogar davon aus, dass er alles beherrschend ist, d.h. unser Empfinden, Denken und Handeln alleinig davon bestimmt und darauf ausgerichtet ist. Das würde dann aber auch bedeuten, dass eine erfolgreiche Primaballerina jahrelang hart auf ihre Karriere hinarbeitet, einzig aus dem Grund, zu überleben und sich fortzupflanzen. Das wäre dann doch schon etwas sehr banal, oder? Wobei ich zugeben muss, dass ich, wenn ich beobachte, was auf der Welt und in der Gesellschaft, in der ich lebe, passiert, auch schon versucht war zu glauben, alles ginge nur ums Fressen und darum, sich zu paaren. Aber lassen wir das! Habe ich im Vorwort dieses Büchleins doch klar festgehalten, dass ich mich nicht auf psychoanalytische Gefilde wagen würde. Trotzdem ist es nicht von der Hand zu weisen, dass unsere natürlichen Instinkte, Triebe und Reflexe unser Leben beeinflussen oder (außerhalb der Wohlstandsgesellschaften) gar prägen. Denn wie der bereits zitierte Abraham Maslow schon feststellte, befinden wir uns mit unseren Grundbedürfnissen und dem Streben nach Sicherheit auf den untersten zwei Stufen seiner Pyramide. Erst wenn diese befriedigt sind, sind wir in der Lage, echte, selbstmotivierte soziale Kontakte aufzubauen und zu pflegen. Was ich meine, ist, dass Sympathie und Antipathie eine sehr untergeordnete Rolle spielen, wenn ich nur dank meines Nachbars, den ich eigentlich nicht so mag, eine Möglichkeit sehe, zu Nahrung oder Wasser zu kommen oder mich und meine Familie mit seiner Hilfe gegen Gefahren zu wehren.

Jedenfalls wurden diese Verhaltensmuster bereits von den Philosophen der Antike aufgegriffen und betrachtet und seit dem Mittelalter auch mehr oder weniger wissenschaftlich diskutiert – aber zu allgemein verbindlichen Definitionen ist man bis heute nicht gekommen. Die Grenzen zwischen den Begrifflichkeiten sind fließend, und auch die Kontroverse, ob Instinkte, Triebe und Reflexe rein physiologisch oder auch psychologisch erklärbar seien, ist nicht abgeschlossen. Wobei der Reflex zu atmen (bzw.

nicht zu atmen, wenn man unter Wasser taucht), oder zu blinzeln, wenn einem eine Mücke ins Auge fliegt, wohl klar körperlich gesteuerte Vorgänge sind. Alles, was unseren Trieben entgegenläuft, also die Erfüllung dieser grundlegenden Bedürfnisse verhindern könnte, nehmen wir als potenzielle Bedrohung wahr, und es aktiviert unsere Instinkte, welche sich wiederum in einem Reflex manifestieren. Die meisten von uns werden bewusst oder unbewusst gelernt haben, diese Triebe und Reflexe zu kontrollieren; und doch können sie mächtig und zumal unangebracht die Art und Weise beeinflussen, wie wir empfinden, reflektieren, handeln und kommunizieren. So können die wohlgemeinte Kritik durch eine Kollegin, ein erfolgsorientierter und strebsamer junger Mitarbeiter in meinem Team oder ein Tennislehrer, der sich meiner Frau gegenüber (zu) charmant verhält, durchaus als Bedrohung unserer physischen und emotionalen Existenz wahrgenommen werden und brachiale Reflexe bei uns auslösen. Zahlreiche Rechtssysteme haben dies erkannt und ahnden deshalb Vergehen aus Not oder aus Leidenschaft milder, als wenn ich jemandem den Kopf einschlage, einfach nur aus dem Grund, weil mir seine Rolex gefällt.

Wie weit uns unser Überlebensinstinkt treiben, wie effektiv er alles, was wir gelernt haben, aushebeln kann, belegt die als «Wunder der Anden» bekannte Geschichte, die sich 1972 zugetragen hat. Damals, am 13. Oktober, kämpften die Piloten von Flug 571 zwischen bis zu 6'000 Meter hohen Andengipfeln mit Orkanböen und eisigen Schneeschauern. An Bord befanden sich 45 Passagiere – Mitglieder und Angehörige der uruguayischen Rugbymannschaft «Old Christian's» –, die in der chilenischen Hauptstadt zu einem Freundschaftsspiel erwartet wurden. In 4'000 Metern Höhe zerschellte die Maschine schließlich an einem Berghang. Von den Insassen starben ein Dutzend bereits beim Aufprall und fünf weitere Verletzte in der ersten Nacht bei bis zu minus 40 Grad Celsius. Die Überlebenden hofften auf schnelle Rettung, die aber ausblieb. Und nach acht Tagen mussten sie über ein

Transistorradio gar erfahren, dass die Rettungsaktion abgebrochen worden war. Verzweifelt trafen sie eine Entscheidung: «Ich dachte, es ist unglaublich, dass dies vor kurzem noch ein Freund gewesen war», berichtet einer der später doch noch Geretteten. Um zu überleben, brachen die abgestürzten Sportler nämlich eines der größten aller Tabus: Sie aßen das Fleisch ihrer toten Kameraden. Es war kein spontaner Entschluss, sondern eine reifliche Überlegung. Die Todgeweihten fielen nämlich nicht wie die Aasgeier über die Leichen her, sondern wägten fast philosophisch ihre Möglichkeiten ab. Und kamen zur Entscheidung, dass die Toten eh nicht mehr zu retten waren und es beinahe die Pflicht der Lebenden war, von den Leichen zu essen, um nicht selbst eine zu werden. Endlich, nach über 60 Tagen im Eis, brach eine kleine Gruppe auf, um den ungewissen Weg durch die weiße Hölle zu wagen und Hilfe zu holen. Was ihnen schließlich auch gelang.

So makaber diese Geschichte auch sein mag, so finde ich, ist sie doch auch ein gutes Beispiel dafür, wie unser Überlebensinstinkt uns über Umwege (abwägen/rationalisieren) dazu bringen kann, ein absolutes Tabu (Wertesystem) zu brechen und dies zuletzt sogar noch verstandesmäßig als richtig zu interpretieren. Aus «Man isst keine toten Menschen» wurde innerhalb weniger Tage «Man isst tote Menschen nur dann, wenn man selbst am Verhungern ist.»

Na dann, Mahlzeit!

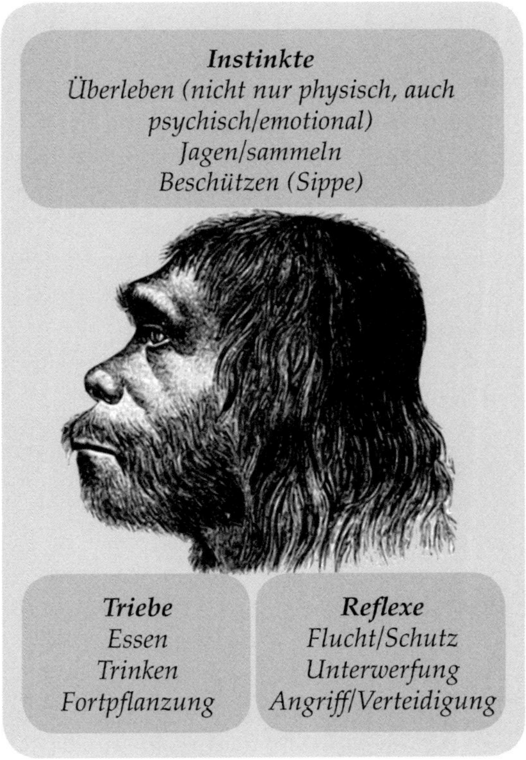

Instinkte, Triebe und Reflexe steuern das menschliche Verhalten seit Urzeiten – und auch heute noch. Abb.: Hermann Schaaffhausen, 1888

Von Eltern, Lehrern & anderen, die an meinen Synapsen schuld sind

Bevor wir in dieses grundlegende und deshalb etwas ausführlichere Kapitel eintauchen, möchte ich Sie zu einer kleinen Denkaufgabe einladen. Es ist ganz einfach: Teilen Sie die nachstehenden Quadrate in jeweils **gleich große, deckungsgleiche Rechtecke:**

- das erste in 2 Rechtecke
- das zweite in 3
- das dritte in 6
- das vierte in 7
- das fünfte in 9
- das sechste in 12 Rechtecke

Und nicht schummeln! Die Lösung ist nämlich bereits auf der übernächsten Seite zu finden.

Und? Welche Aufgabe hat Ihre grauen Zellen am meisten beansprucht? Wenn Sie zu jenen gehören, die beim vierten Quadrat (teile in sieben Rechtecke) ins Grübeln geraten sind, dann machen Sie sich nichts daraus. Das geht den meisten so! Wobei die Lösung doch so einfach wäre: Lineal zur Hand nehmen, Seitenlänge des Quadrats bestimmen, durch 7 dividieren und die Trennstriche elegant ZWISCHEN den Linien ziehen!

Quadrate teilen? *Auf der Linie!*

Denk- und Handlungsmuster sind schnell gelernt – man wird sie zumal aber nur schwer wieder los.

Aber warum sind Sie nicht selbst sofort darauf gekommen? Entschuldigen Sie, aber ich hatte Sie gerade «programmiert». Nämlich dahingehend, NICHT darauf zu kommen. Das heißt, ich habe Ihnen in relativ kurzer Zeit ein Denkmuster beigebracht, das Sie daran hinderte, spontan die richtige Lösung zu finden. Da die Teilung der Quadrate eins, zwei, drei, fünf und sechs so perfekt AUF der Linie funktionierte, haben einige Synapsen in Ihrem Gehirn entsprechende neuronale Verbindungen hergestellt (siehe Abbildung auf voriger Seite). Solche Denkmuster, wenn sie sich erst einmal wiederholt bewährt haben, können uns regelrecht lähmen, wenn sie einmal nicht zur Lösung einer (ähnlichen) Aufgabe führen. Und Aufgaben lösen wir ja, ohne es als solches wahrzunehmen, unentwegt – solche, die die Natur uns stellt, oder die Gesellschaft oder unsere Rolle als Vorgesetzte oder Elternteil.

Vielleicht ist Ihnen auch das folgende (oder ein ähnliches) Erlebnis bekannt, das zu einer recht einschränkenden Synapsenbildung führen kann: Als einstiger Fischliebhaber haben Sie sich vor einigen Jahren im Urlaub am Mittelmeer eine dieser richtig fiesen Fischvergiftungen eingefangen. So mit allem Drum und Dran. Können Sie es sich vorstellen? Eine beinahe schon traumatische Erfahrung, nicht wahr? Jedenfalls erfüllt Sie noch heute der bloße Gedanke an Fisch mit purem Ekel … Ich möchte an dieser Stelle ehrlicherweise anmerken, dass es mir mit meinem einst so heißgeliebten Single Malt Whisky ähnlich ergangen ist.

Zugegeben, das waren jetzt Beispiele für eher ungünstige neuronale Verbindungen bzw. Denk- und Empfindungsmuster. Denn die meisten sind uns ja recht nützlich. Beispielsweise bin ich bei 120 km/h auf der Autobahn ganz glücklich, dass alle etwa nach dem gleichen Schema agieren. Wäre ja noch schöner, wenn sich da jemand zu kreativen Vorankommenslösungen hinreißen ließe. Wobei, wenn ich an den schwarzen Audi von vergangenem Sonntag denke …??? Egal, dieses ungünstige Muster mit dem Single Malt muss ich unbedingt in Angriff nehmen!

Übrigens, in der kurzen Zeit, in der Sie die Einleitung zu diesem Kapitel nun lesen, haben sich in Ihrem Gehirn womöglich bereits wieder einige dieser synaptischen Verknüpfungen gebildet. Mit größter Wahrscheinlichkeit sogar, wissen wir doch heute, dass in unserem Schädel unendlich viele solcher neuronalen Verbindungen existieren, die untereinander permanent Informationen austauschen, selektieren, vergleichen, verlinken und unseren Körper im einen oder anderen Fall zu einer Handlung veranlassen. Erinnern wir uns an dieser Stelle an den äußeren Ring unseres Modells: Wahrnehmen/Fühlen/Empfinden –> Reflektieren/Interpretieren –> Kommunizieren/Handeln. Und dazwischen immer nach bekannten Mustern suchen oder – wenn nichts Brauchbares vorhanden ist – neue herstellen. In Bruchteilen einer Sekunde! Um künstlich nachzuempfinden, was ein Kubikzentimeter unseres Gehirns leistet, müssten hunderttausend Computer miteinander vernetzt werden. Führen Sie sich nur einmal vor Augen, was Ihre graue Masse vollbringt, wenn Sie wieder einmal verschlafen haben und in vollem Spurt durch den überfüllten Bahnhof zu Ihrem Zug sprinten. Ihr Körper ist da nur Vehikel – die auf Millisekunden getakteten Reflexe werden von Ihrem «Bordcomputer» berechnet, ausgelöst und gesteuert. Aber dafür, dass dies so reibungslos funktioniert und Sie nicht jeden, der Ihnen im Weg steht, brutal zur Seite schubsen, mussten Sie erst lernen, trainieren und konditioniert werden. Und hier sind wir endlich an dem Punkt, zu dem ich eigentlich gelangen wollte: die Konditionierung. Aber dazu erst ein kurzer Ausflug in die Biologie …

Im embryonalen Gehirn entwickeln sich zuerst unreife Neuronen, die ab der vierten Woche zu ihren Bestimmungsorten wandern und dort die ersten von später einmal Billionen synaptischen Verbindungen ausbilden. Dafür existiert nicht etwa ein fester Bauplan – das embryonale Gehirn erzeugt einen Überschuss an Neuronen und Synapsen, die einerseits im Wettbewerb untereinander und andererseits in Wechselwirkungen mit der Umwelt stehen und so letztendlich funktionale neuronale Schaltkreise bilden. Das Volumen unserer Gehirnmasse nimmt während der Kindheit kontinuierlich zu, erreicht im frühen Jugendalter seinen Höchststand und beginnt ab dem Erwachsenenalter wieder zu schrumpfen (spüren Sie es?). Das heißt aber nicht, dass sich Gehirnzellen einfach auflösen, sondern vielmehr, dass nutzlose Zellen ausgesondert werden, um den Denkapparat schlank und geschmeidig zu halten. Vielleicht ist dies auch eine Erklärung dafür, dass wir uns an immer weniger erinnern können, je weiter wir zurückdenken. Oder könnten Sie etwa eine Anekdote aus Ihren ersten drei Lebensmonaten zum Besten geben? Jedenfalls wird die linke Gehirnhälfte irgendwann für kognitive Dinge wie Sprache, Lesen, Rechnen, Logik, Analyse usw. zuständig sein und die rechte Hälfte für Ausdruck / Körpersprache, Kreativität, Intuition und Gefühle. Die linke Hirnhälfte wird also von Zahlen und Fakten stimuliert und die rechte durch Eindrücke, Gerüche, Symbole, Melodien usw., die das Rohmaterial für weitschweifende Gedanken, spontane Ideen und verträumte Phantasien sind. Auf diesem fruchtbaren Nährboden wächst schließlich all das, was später Ihr Empfinden und die Art zu denken und zu handeln günstig bzw. weniger günstig beeinflussen wird. Dazu ein weiteres Beispiel aus meinem eigenen Dasein: Als eigentlicher Frischluftfanatiker weckt paradoxerweise noch heute der Geruch von qualmenden Industrieschloten das wohlige Gefühl von Heimat und Geborgenheit in mir. Einfach deshalb, weil ich in meiner Kindheit häufig meine Ferien bei meiner geliebten Oma verbringen durfte, die in einer kleinen, stahlproduzierenden Stadt in Österreich lebte. Also, fassen wir zusammen:

A) Es gibt keinen vorbestimmten neuronalen Bauplan.

B) Die Zellen- und Synapsenbildung erreicht im Jugendalter ihren Höchststand.

C) Je häufiger ein bestimmtes Muster Anwendung findet, desto gefestigter ist es.

Kurz: Ihre Eltern haben wirklich Schuld! Und auch Ihre Lehrer! Und wenn Sie Geschwister haben, dann auch die. Ach was: überhaupt alle, mit denen Sie es zu tun hatten und haben! Die Entwicklung des Gehirns wird nämlich durch das Zusammenspiel biologisch-genetischer Faktoren sowie umgebungsbedingter Einflüsse gesteuert. «Genetisch vorprogrammiert» ist also nur die halbe Wahrheit, genauso wie «alles ist eine Sache der Erziehung». Aber nicht von der Hand zu weisen ist die Tatsache, dass Genome den Nährboden für synaptische Verbindungen bieten, und die äußeren Einflüsse, die von ihnen permanent verarbeitet werden, die entsprechenden Reize liefern. Und so wie Nährböden verschieden sein können, sind es auch die Pflänzchen, die daraus wachsen. So wird es einen mitteleuropäischen Menschen vor Grausen schütteln, wenn er daran denkt, in eine lebende Made zu beißen – das gleiche Tierchen löst jedoch bei Menschen einiger Naturvölker eine Lust und Freude aus wie bei unsereins eine Tüte Gummibärchen. Denn auch Farb-, Tast- und Hörempfinden sind derselben Konditionierung unterworfen wie die Art, wie wir denken und werten. Nur dass *emotionale*

Prägungen um einiges komplexer sind als das konditionierte Geschmacksempfinden unseres Gaumens. So kann ständige Kritik seitens der Eltern beim einen später zu einem kompetitiven Verhalten führen (höher, weiter, schneller!) und beim anderen zu permanenten Selbstzweifeln. Und genau das steckt in dieser Lern- und Erfahrungsbiografie: bewusste und unbewusste Prägungen und Konditionierungen, die uns unter Umständen ein ganzes Leben lang ein Erfolgs- und/oder Wohlfühlrezept sind – oder ein ewiger Klotz am Bein, der uns daran hindert, aus uns heraus- und weiterzukommen. Psychoanalytiker beschäftigen sich hauptsächlich mit diesen ungünstigen und unbewussten Mustern, die in uns ablaufen: Warum gerate ich in Panik, wenn ich vor eine Gruppe treten muss? Warum suche ich mir immer die gleichen herrschsüchtigen Partner aus? Woher kommt meine Angst vor Hunden, Spinnen, Aufzügen, Tunneln, vor großen Menschen, vor Clowns …? Warum fühle ich mich so minderwertig? Warum kann ich niemandem vertrauen und bin deswegen zu keiner festen Bindung fähig? Warum reagiere ich auf Kritik aggressiv? Warum gehe ich beim kleinsten Widerstand in den Rückzug, obwohl ich doch weiß, dass ich im Recht bin? Und so weiter und so fort. Sehr oft stößt man nach endlosen Therapiesitzungen entweder auf einmalige, traumatische oder aber auf immer wiederkehrende gleiche Erlebnisse in der Kindheit, im Jugendalter oder in der Arbeitswelt, die sich in uns festgesetzt und zu einer ungünstigen Konditionierung geführt haben.

Dass diesem Phänomen nicht nur wir als Individuen unterworfen sind, sondern auch ganze Gesellschaften davon betroffen sein können, lässt sich anhand des «5-Affen-Experiments» sehr gut veranschaulichen. Wobei ich vorausschicken muss, dass diese Geschichte, obwohl sie seit Jahrzehnten im Internet kursiert, nie stattgefunden hat. Aber sie würde sich mit größter Wahrscheinlichkeit genauso abgespielt haben: Eine Gruppe von Wissenschaftlern sperrte fünf Affen in ein Gehege, in dessen Mitte eine Leiter stand, auf der sich auf der obersten Sprosse eine Banane befand. Jedes Mal, wenn ein Affe sich die leckere Frucht holen wollte, wurden alle Tiere mit kaltem Wasser abgespritzt. Nach einiger Zeit waren es die Affen selbst, die jeden Artgenossen, der es wagte, die Leiter hochzuklettern, mit Gewalt davon abhielten; und bald versuchte es keiner mehr. Ab diesem Punkt wurde ein Affe nach dem anderen aus dem Gehege geholt und durch einen anderen ausgewechselt, wobei sich der jeweils Neue natürlich sofort die Banane holen wollte – und dafür von den anderen gleich die mittlerweile standardmäßige Abreibung erhielt. Irgendwann war die ganze Gruppe ausgetauscht – durch eine neue Generation von Affen, die nie Bekanntschaft mit dem kalten Wasser gemacht hatten. Und trotzdem unternahm keiner mehr den Versuch, sich die Banane zu schnappen. Und hätte man sie fragen können, warum dem so sei, wäre die Antwort wahrscheinlich gewesen: «Wissen wir nicht, das ist hier einfach so.» Kommt Ihnen dies bekannt vor?

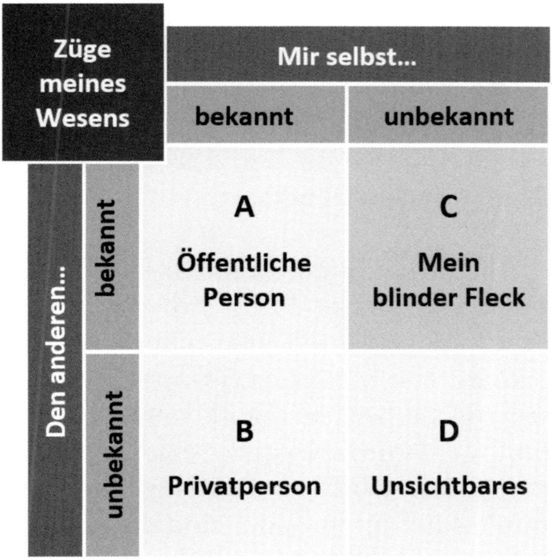

Joe Luft/Harry Ingham:
«Der blinde Fleck»
Konflikte vorprogrammiert!

Jedenfalls ganz schön verzwickt, diese Lern- und Erfahrungsbiografie. Vor allem dann, wenn wir uns der Programme, die dort ablaufen, selbst nicht bewusst, sie für unser Umfeld aber sichtbar sind. Die US-amerikanischen Sozialpsychologen

Joe Luft und Harry Ingham haben dieses Phänomen 1955 in dem nach ihnen benannten *Johari-Fenster* als «Blinden Fleck» (auf der vorigen Seite Feld C) dargestellt und weisen darauf hin, dass hier großes Konfliktpotenzial verborgen ist.

Auch der US-amerikanische Psychiater Thomas A. Harris (1910 – 1995) beschreibt in seinem 1963 erschienenen Buch «Ich bin o.k., du bist o.k.» vier Grundprägungen, von denen wir im Laufe unserer Lern- und Erfahrungsbiografie eine übernehmen. Diese wird uns über lange Strecken unseres Lebens begleiten und die Art und Weise, wie wir agieren, wesentlich beeinflussen. Interessanterweise stellt Harris eine Verbindung zu den natürlichen Reflexen her, wie ich sie im vorigen Kapitel eingehend beschrieben habe – in der folgenden Darstellung für die Art und Weise, wie wir auf Konflikte reagieren.

Ich bin nicht o.k. **Du bist o.k.** Grundhaltung der Unterlegenheit *Reflex Unterwerfung*	**Ich bin o.k.** **Du bist o.k.** Humanistische Grundhaltung *Konstruktive Auseinandersetzung*
Ich bin nicht o.k. **Du bist nicht o.k.** Grundhaltung der Sinn-/Wertlosigkeit *Reflex Flucht*	**Ich bin o.k.** **Du bist nicht o.k.** Grundhaltung der Überlegenheit *Reflex Angriff/Kampf*

Grundhaltungen nach Harris:
Ein Fluch oder Segen, den wir nicht so einfach wieder loswerden.

Und? Wo finden SIE sich? Sie möchten natürlich in die Kategorie oben rechts gehören (o.k./o.k.). Stimmt's? Aber seien Sie ganz ehrlich mit sich selbst: Halten Sie sich wirklich in jedem Moment vor Augen, dass jeder für ALLES, was er sagt oder tut,

SEINE guten Gründe hat? Denn genau das ist der Kern dieser Haltung: Jeder hat SEINE guten Gründe – ich habe sie einfach noch nicht verstanden, oder es sind nicht MEINE guten Gründe.

Bei den meisten von uns schwingt fast immer ein tendenzieller Grundton von «überlegen» bzw. «unterlegen» mit – aber wie beim «Blinden Fleck» gilt auch hier, dass Sie die entsprechenden Muster und Programme nur dann auflösen können, wenn Sie sich ihrer bewusst werden und Sie bereit sind, daran zu arbeiten.

Schließen wir dieses Kapitel mit einer kurzen Zusammenfassung: Im gesamten Verlauf unserer Lern- und Erfahrungsbiografie stellt unser Gehirn unzählige von mehr oder weniger nützlichen Mustern in Form von synaptischen Verbindungen her, nach welchen wir wahrnehmen, interpretieren und handeln. Aber es werden auch einige Verknüpfungen aufgebaut, die uns in der Art und Weise, wie wir wirken möchten, behindern. Und nur durch deren Bewusstmachung haben wir eine

Chance, solch «lästige» Hirnkonstellationen aufzulösen und mit günstigeren Mustern zu ersetzen.

Jedenfalls danke, Eltern, danke, Lehrerinnen und Lehrer, und danke all den anderen, die mich verkorkst haben. Himmel! Wie geht es eigentlich MEINEN Kindern?

Von Anstand, Ideologie & Religion – oder warum Himmel & Hölle am selben Ort zu finden sind

Beginnen wir erst mal wieder mit etwas Denkarbeit. Bewerten Sie dazu folgende Auswahl an Wertbegriffen nach Ihrer persönlichen Skala. Was ist Ihnen sehr wichtig (10) und was gar nicht (0)? Stellen Sie anschließend die gleiche Aufgabe Personen (A bis C), die Sie gut zu kennen glauben, und vergleichen Sie danach, was dabei herausgekommen ist.

WERTBEGRIFF	ICH	A	B	C
Ehre / Ruhm				
Individualität				
Liebe				
Erfolg / Anerkennung				
Natur				
Vaterland				
Einfluss / Macht				

WERTBEGRIFF	ICH	A	B	C
Freiheit				
Selbstlosigkeit				
Religion / Glaube				
Kreativität / Entfaltung				
Integrität				
Heimat				
Ehrlichkeit				
Familie				
Respekt				
Toleranz				
Multikulturalität				
Mut				
Schönheit				
Unabhängigkeit				
Frieden				
Sinnlichkeit / Erotik				

WERTBEGRIFF	ICH	A	B	C
Vertrauen				
Stärke				
Freundschaft				
Gerechtigkeit				
Hilfsbereitschaft				
Treue				
Wissen				
Wohlstand				
Tierliebe				
Aufrichtigkeit				
Dankbarkeit				

Gar nicht so einfach, nicht wahr? Und wie lange haben Sie mit Ihren vertrauten Personen darüber diskutiert, was die einzelnen Begriffe eigentlich beinhalten? Nun, mir ist es genauso ergangen – und glauben Sie mir, dieses Kapitel hat mich ob seiner Komplexität ganz schön ins

Schwitzen gebracht. Aber wen wundert's? Unzählige Generationen von Philosophen und Ideologen haben sich darüber die Köpfe zerbrochen, nach welchen Werten Menschen ihr Dasein leben und gestalten sollten oder müssen. Natürlich gibt es einige Grundwerte, die die Zeiten überdauert haben (Liebe, Freiheit, Glaube usw.), aber grundsätzlich hat jede Gesellschaft zu jeder Epoche ihre eigenen Wertgebilde. Werte wandeln sich, so wie die Weltordnung und die darin lebenden Gesellschaften sich wandeln. Wer zum Beispiel hätte sich vor fünfzig Jahren träumen lassen, dass wir zu Beginn des 21. Jahrhunderts der gleichgeschlechtlichen Ehe mit relativ großer Toleranz begegnen? Zumindest in der westlichen Welt.

Aber was sind Werte, Wertvorstellungen und Wertesysteme? Im Allgemeinen bezeichnen wir damit in einer sozialen Gruppe, Kultur oder Gesellschaft erstrebenswerte und/oder moralisch vertretbare Eigenschaften und Qualitäten, mit denen wir Objekte, Ideen, Sachverhalte, Handlungen, Rituale, Charaktereigenschaften usw. bewerten. Erhebt ein solches Wertesystem (bzw. deren Urheber) den Anspruch auf Exklusivität, nähern wir uns dem Begriff der Ideologie. Und wir wissen, dass die Geschichte geprägt ist von vielschichtigen politischen, sozialen, wirtschaftlichen und Glaubensideologien, welche ganze Völkerschaften im Idealfall geeinigt, leider aber auch allzu oft entzweit und in blutige kriegerische Auseinandersetzungen getrieben haben.

Was jedoch jeden Einzelnen von uns betrifft, benötigen wir solche Wertesysteme, um uns in unserem Verhältnis zu unseren Mitmenschen, zur Umwelt/Natur und zu allfälligen göttlichen Instanzen definieren, orientieren und positionieren zu können. Sie sind das Fundament, auf dem letztendlich unsere Motivation, unser Streben und Handeln aufgebaut sind. Ohne ein hinterlegtes Wertesystem wäre beispielsweise die Entscheidungsfindung in schwierigen Fragen sehr problematisch. Nach welchen Kriterien sonst könnten wir uns richten, wenn wir uns z. B. zu entscheiden hätten, ob wir lieber mit Edelhölzern oder mit erneuerbaren Energien handeln möchten? Oder einen Freundeskreis aufbauen, in dem wir uns verstanden fühlen? Oder beurteilen, ob wir unsere Kinder bei einer bestimmten Lehrperson gut aufgehoben wähnen? Wofür wollen wir uns politisch und sozial engagieren? In all diesen Fragen konsultieren wir, bewusst oder unbewusst, unsere ganz persönliche Werteskala.

Es ist anzunehmen, dass unser Wertesystem ein direktes Produkt unserer Lern- und Erfahrungsbiografie (und teilweise auch geprägt von unseren natürlichen Bedürfnissen) ist. Erinnern wir uns an dieser Stelle einfach an die Geschichte mit den fünf Affen und der Banane auf der Leiter … Nur, dass unsere «Wertprägung» (auch nichts anderes als synaptische Verbindungen) nicht mit abrupten kalten Duschen geschieht (hoffe ich doch), sondern durch permanente – verzeihen Sie mir dieses hässliche Wort – Indoktrinierung an allen Stationen unseres Lebens: im Elternhaus, in der Schule, in der Kirche, am Arbeitsplatz, in der Musik und Literatur, über die Medien, die Werbung … Und nicht zu vergessen mittels unzähliger staatlicher und interstaatlicher Gesetze und Verordnungen, denen wir uns zu fügen haben. Lob und Tadel, direkte und indirekte Belohnung oder Strafe sind dabei die gängigen Vehikel; und es wäre verkehrt zu behaupten, dass dahinter nicht eine grundsätzlich positive Absicht steht, nämlich die, uns zu funktionierenden und uns wohlfühlenden Individuen innerhalb einer Gruppe oder Gesellschaft zu erziehen. Normalerweise übernehmen wir Werte bis ins frühe Jugendalter (mehr oder weniger ohne sie zu hinterfragen) von unseren nächsten Bezugspersonen und dem, was uns tagtäglich als «normal» begegnet. Erst als Jugendliche und junge Erwachsene unterziehen wir sie einer gründlichen Überprüfung, revidieren sie oder verwerfen sie gar, um sie durch andere Werte zu ersetzen. Aber je mehr sich unsere Persönlichkeit im Erwachsenenalter festigt, umso mehr «verhärtet» sich auch unser Wertgefüge, und wir werden nicht mehr ohne Weiteres bereit sein, es wieder aufzugeben.

Wie subtil diese Sozialisation sein kann, lässt sich anhand der berühmten Heftchen und Taschenbücher von Walt Disney sehr gut veranschaulichen. Alle darin vorkommenden Charaktere verkörpern Tugenden bzw. Untugenden, die in unserer westlichen Welt überall anzutreffen sind. Und unsere Kinder konsumieren diese Literatur, kaum dass sie lesen können. So kann es natürlich sein, dass wir sogar noch im Erwachsenenalter einen geldgierigen, ausbeutenden Kapitalisten (Onkel Dagobert) gar nicht so unsympathisch finden. Wir wählen ihn sogar zum Präsidenten eines der mächtigsten Länder der Welt! Zur Erinnerung: Wir schreiben das Jahr 2019.

Die Ducks begleiten uns seit Jahrzehnten und transportieren diverse Werte, mit denen wir uns mehr oder weniger identifizieren. (Abb. © Disney)

Zu guter Letzt: Wann haben Sie sich das letzte Mal in Ihren Gefühlen verletzt gefühlt? Vielleicht in der Partnerschaft, am Arbeitsplatz, im Freundeskreis? Stellen Sie sich die Situation ganz genau vor ... Und nun beantworten Sie folgende Fragen: Worin genau waren Sie verletzt? Im Portemonnaie? In Ihrer Rolle? In Ihrem Wissen? Oder hat der gewollte oder ungewollte Angriff von außen nicht vielmehr einen Ihrer Wertbegriffe (z. B. Treue, Ehrlichkeit, Fairness, Anerkennung) hart getroffen? Sie sehen: Unser Wertesystem ist nicht nur unser persönliches Maß aller Dinge – es ist auch die Eingangstür für vielschichtige emotionale Streicheleinheiten bzw. Seitenhiebe. Passen Sie in Zukunft also besser auf, wo genau Sie bei anderen hintreten!

Emotional, meine ich.

Von Träumen, Wünschen & Visionen – oder warum wir am Ende doch nie zufrieden sind

„Dä Hans im Schnäggeloch
Hät alles, was er will.
Dä Hans im Schnäggeloch
Hät alles, was er will.
Und was er will, das hät er nid,
Und was er hät, das will er nid.
Dä Hans im Schnäggeloch
Hät alles, was er will."

Ja, was will er denn nun eigentlich, dieser «Hans im Schneckenloch», der da in diesem nicht ganz unwidersprüchlichen alten Volkslied besungen wird? Seit ich ein kleines Kind war, denke ich darüber nach – und habe keine Ahnung! Aber er will etwas, das ist sicher. Und zwar etwas, das er (noch) nicht hat. Und genau darum geht es in diesem Kapitel: um Dinge, Zustände und Emotionen, die wir uns wünschen, die uns antreiben und die irgendwo in der Zukunft liegen. Das Zauberwort heißt Motivation.

Grundsätzlich darf man den Begriff Motivation als «treibende Kraft» definieren, was ihm aber nur unzureichend Genüge leistet. Nicht umsonst befassen sich Psychologen seit Jahrzehnten damit – teils mit übereinstimmenden, teils mit kontroversen Definitionen und Theorien. Und deshalb ist es auch nicht meine Absicht, mich in diese Diskussion einzumischen. Dennoch möchte ich, im Sinne dieses Kapitels, eine klare Grenze zwischen zwei untergeordneten Begrifflichkeiten ziehen (obwohl sie nicht immer leicht auseinanderzuhalten sind): Mit *intrinsischer* Motivation nämlich bezeichnen wir allgemein das Bestreben, etwas um unser selbst willen, also aus uns heraus zu tun – einfach, weil wir unsere Freude daran haben, weil es uns Spaß macht oder weil es unseren persönlichen Interessen oder Wertvorstellungen entspricht. Wie der Marathonläufer, der den Feierabend herbeisehnt, damit er seine zwanzig Trainingskilometer laufen kann; oder der Künstler, der seinen Lebensstandard auf ein Minimum reduziert hat, um sich voll und ganz Leinwand und Farbe widmen zu können. Dem gegenüber steht die *extrinsische* Motivation. In ihrem Sinne erbringen wir bestimmte Leistungen bzw. zeigen wir ein gewisses Verhalten nur deshalb, weil wir uns davon einen Vorteil (materielle Belohnung, Anerkennung usw.) versprechen oder Nachteile (z. B. Bestrafung, finanzieller Verlust) vermeiden möchten. Wenn Sie sich beispielsweise eine Gehaltserhöhung wünschen, um sich mehr leisten zu können (intrinsische Motivation), Ihr Vorgesetzter dafür aber eine Weiterbildung voraussetzt, so werden Sie demnächst extrinsisch motiviert Ihre Samstage in einem Kurslokal absitzen und Fachliteratur büffeln. Aber immerhin: Es winkt eine Gehaltserhöhung.

Wenn dieser Anreiz auch noch wegfallen würde, Sie also total unmotiviert an der Weiterbildung teilnehmen müssten, dann würden Sie mit großer Wahrscheinlichkeit zum Albtraum eines jeden Kursleitenden mutieren: Es wäre schier ein Ding der Unmöglichkeit, Sie für irgendetwas zu begeistern!

Apropos: Kennen Sie auch Leute, die einfach nur zur Arbeit gehen, weil sie MÜSSEN, also an der Arbeit selbst nichts Motivierendes entdecken? Auch diese armen Geschöpfe sind gänzlich extrinsisch getrieben, ihre Vierzigstundenwoche zu absolvieren. Aber wer zwingt sie denn? Nun, ganz einfach: ihr Körper, der nach Nahrung, Kleidung und Schutz verlangt. Aber allein diese Bedürfnisse zu befriedigen ist den meisten von uns, die wir ja meist in materiell abgesicherten Verhältnissen leben , nicht Motivation genug. Der Mensch möchte einfach mehr!

Wo liegt der Unterschied?

Intrinsisch motiviert	**Extrinsisch motiviert**
Die junge Dame schmückt ihren Körper einfach nur deshalb, weil es IHR so gefällt. Sie nimmt sogar eventuelle Nachteile in Kauf. Sie ist intrinsisch motiviert.	*Nur mit diesen Zeichen im Gesicht gilt dieser Maori-Krieger als ein vollwertiges Mitglied seines Stammes. Er trägt sie also weitgehend auch extrinsisch motiviert.*

Kommen wir also zurück zur intrinsischen Motivation – und bleiben auch dabei. Zumal ich der stillen Überzeugung bin, dass man sowieso niemanden zu etwas motivieren kann, was nicht schon in ihm schlummert. Man kann ihn höchstens an diesem Punkt «abholen». Und hier sind wir wieder bei unserem Hans im Schneckenloch. Der möchte nämlich etwas nicht, das er bereits hat, dafür etwas anderes, das er noch nicht hat. Mit etwas Interpretationsspielraum ließe sich daraus schließen, dass das, was wir jetzt in der Gegenwart unser Eigen nennen, uns nicht mehr motivieren kann – höchstens der Wunsch, es auch weiterhin zu besitzen. Oder anders ausgedrückt: Unsere Motivation zielt auf etwas Künftiges ab, wobei diese Zukunft sehr, sehr nahe oder auch in weiter Ferne liegen mag. Sie ist unser Antrieb, unser Motor, der uns vorwärts bewegt. Bemerken Sie den gleichen Wortstamm: Motor, Motivation, Motiv? Nicht umsonst bezeichnen wir Menschen, die aus sich heraus keine oder keine ausreichende Motivation entwickeln können, auch als antriebslos.

Wir dürfen natürlich annehmen, dass unsere ureigene Motivation unseren natürlichen Instinkten (Sparen = Sicherheit), unserer Lern- und Erfahrungsbiografie (sportliche Erfolge = Glücksgefühle) und / oder unserem Wertesystem (Fleischverzicht = reines Gewissen den Tieren gegenüber) erwächst. Sie steht also auf sicherem

Fundament und wird sich ohne eine Erschütterung dieser unteren Ebenen, beispielsweise durch eine Wirtschaftskrise (Überlebensinstinkt), durch immer wiederkehrendes Scheitern in unseren Bemühungen oder durch eine enttäuschte Beziehung (Erfahrungsbiografie) oder durch die plötzliche Einsicht, dass es Gott doch nicht gibt (Werte), auch nicht von heute auf morgen verändern.

Wäre ja irgendwie schade, wenn ich plötzlich und ohne Grund keinen Sinn mehr darin sähe, an diesem Buch weiterzuschr ...

Testen Sie sich selbst

Zählen Sie spontan sechs Dinge auf, **die Sie AUS SICH HERAUS gerne tun – und regelmäßig tun.** Einfach, weil es Spaß macht, weil Sie dabei Ihre Werte einbringen und leben dürfen, weil Sie sich danach zufrieden oder gar glücklich fühlen. Sie haben dafür maximal 60 Sekunden Zeit zur Verfügung.

Was ich gerne tue...	...und warum?
1)	
2)	
3)	
4)	
5)	
6)	

In 60 Sekunden weniger als 6 Dinge gefunden, die Sie regelmäßig und aus sich heraus tun? Dann überlegen Sie sich einmal, wer oder was Ihr Leben bestimmt.

Letzte Frage:

Auf einer Skala von 1 bis 10: Wie ausgefüllt bzw. zufrieden fühlen Sie sich in Ihrem aktuellen Leben?	

Wissen ist Macht – oder warum «nicht wissen» auch nichts macht

Homo sapiens – der wissende Mensch. Die kognitive Revolution vor 70.000 Jahren katapultierte unsere Spezies definitiv an die Spitze der Nahrungskette und somit an die «Weltmacht». Das bisherige Gesetz des physisch Stärkeren wurde ausgehebelt und durch die intellektuelle Überlegenheit ersetzt – jedenfalls was unser Verhältnis zum Rest der Fauna betrifft. Sich seines Daseins, seiner aktuellen und künftigen Bedürfnisse bewusst sein und zudem über die Fertigkeiten verfügen, um diese Bedürfnisse zu befriedigen, waren die entscheidenden Faktoren für diesen durchschlagenden Erfolg. Es wäre ungerecht zu behaupten, dass Affen, Krähen, Papageien, Hunde und andere Tiere zuweilen nicht auch erstaunliche Fähigkeiten an den Tag legen … Aber ob sie sich derer bewusst sind? Ich weiß es nicht. Aber ich weiß (im Sinne von belegtem Wissen), dass wir seit der kognitiven Revolution stetig und bewusst daran arbeiten, Wissen zu sammeln, um es an künftige Generationen weiterzugeben.

Trotzdem benötigten wir eine weitere halbe Ewigkeit, bis wir mit der landwirtschaftlichen Revolution vor rund 12.000 Jahren ein neues Parkett unserer Entwicklungsgeschichte betraten – und erst mit der wissenschaftlichen Revolution, die mit der Renaissance vor rund 600 Jahren einsetzte, schafften wir den definitiven Durchbruch: Ein bis heute ungebremster Wissensdurst treibt uns durch die Generationen, und die zeitlichen Abstände zwischen den markanten Meilensteinen werden immer kürzer. Mitte des 19. Jahrhunderts folgte mit der Erfindung der Dampfmaschine die industrielle Revolution, nur etwas mehr als hundert Jahre später mit Einzug des Computers die digitale Revolution, und spätestens seit Beginn des 21. Jahrhunderts revolutionieren Laptops, Tablets, Smartphones und eine immer höhere Netzdichte unser Kommunikationsverhalten und die Art und Weise, wie wir Wissen beschaffen und wie wir damit umgehen.

Doch bevor ich mich weiter mit der Gegenwart beschäftige, möchte ich Sie doch noch einmal kurz in die Vergangenheit entführen. Oder vielmehr zum Ursprung einer menschlichen Errungenschaft, ohne die die Überlieferung, sprich Kumulierung von Wissen und kulturellen Traditionen über Hunderte von Generationen hinweg gar nicht erst möglich gewesen wäre: die Schrift.

Anzeichen von Schriften finden sich in fast allen Gesellschaften, die wir heute als «zivilisiert» bezeichnen, jedoch sind sich die Experten weitgehend einig, dass die Sumerer die großen Vorreiter waren. Die ältesten Funde, die dies belegen, sind ins 4. Jahrtausend vor Christus datiert. Stellen Sie sich vor, wir hätten Geschichte und Wissen, Mythen, Legenden, Sagen und Rituale über Jahrtausende mündlich weitergeben müssen … Ein Ding der Unmöglichkeit! Beispielsweise ist man sich noch immer uneinig darüber (und wird es wohl auch bleiben), was es denn nun mit den Geschichten um die große Sintflut oder den Untergang von Atlantis auf sich hat, zwei uralten mündlichen Überlieferungen, die erst zu einem späteren Zeitpunkt von verschiedenen Chronisten, die der Schrift mächtig waren, aufgegriffen und aufgezeichnet worden waren. Die Verfälschungen durch die bis dahin immer nur mündliche Weitergabe sind beträchtlich – im Kern sind sie sich zwar ähnlich, in ihren Details weichen sie, je nach Quelle und Autor, aber beträchtlich voneinander ab.

Apropos Chronisten: An dieser Stelle – und damit wirklich ein letzter Blick zurück – möchte ich es nicht versäumen, den Kulturen der Antike ein Kränzchen zu winden, allen voran der römischen und griechischen. Egal ob Wissenschaft, Kunst, Architektur, Literatur, Rechtsprechung oder Philosophie – sie sind die großen Vorreiter und Vorbilder der westlichen Welt. Und wenn sie beinahe ein ganzes Jahrtausend lang ein Dasein in fast völliger Vergessenheit fristeten und erst während der Renaissance im 15. und 16. Jahrhundert wieder ihre verdiente Anerkennung fanden, so müssen wir das wohl dem dunklen Mittelalter zuschreiben und einer gewissen religiösen

Bewegung, die für sich das Monopol auf Wahrheit und Wissen beanspruchte. Egal, wie absurd die von ihr verbreiteten Lehren auch sein mochten – wer dagegensprach, riskierte grausamste Folter und einen qualvollen Tod auf dem Scheiterhaufen.

Kennen Sie Trivial Pursuit? Oder das Spiel des Wissens? Lösen Sie gerne Kreuzworträtsel? Oder sehen Sie sich, wann immer möglich, «Wer wird Millionär?» im Fernsehen an? Wenn ja, willkommen zurück in der Gegenwart und in der Welt des Wissens. Schon bemerkt? Wir freuen uns, wenn wir etwas wissen, was andere nicht wissen. Das gibt uns ein gutes Gefühl. Vielleicht, weil wir einfach nur helfen konnten, vielleicht aber auch, weil wir uns so dem anderen etwas überlegen fühlen. Denn Wissen ist Macht. Mit Wissen können wir die Dinge steuern, Anerkennung einheimsen und Geld verdienen. Was wären zum Beispiel unsere Börsenmakler, wenn sie nicht uneingeschränkten Zugang zum Wissen über die Finanzmärkte hätten? Wahrscheinlich nicht mehr als Geldwechsler in einem Kabäuschen hinter dem Bahnhof.

Sokrates, griechischer Philosoph,
469 – 399 v. Chr.
«Ich weiß, dass ich nicht weiß.»

Aber Wissen per se ist nicht alles. Wie meinte Sokrates vor fast 2.500 Jahren so trefflich: «Ich weiß, dass ich nicht weiß.» Darin steckte die Aufforderung, Wissen nicht einfach als solches anzunehmen, sondern es auch zu hinterfragen. Ich glaube nicht, dass er sich je hätte träumen lassen, dass seine Worte, je mehr wir ins digitale Informationszeitalter vorrücken, an Bedeutung gewinnen würden. Google, Twitter, Facebook, WhatsApp, Snapchat, Wikipedia, Wikileaks und wie sie alle heißen sei Dank: Noch nie war der Zugriff auf Wissen so einfach. Wir müssen nicht einmal mehr etwas tun – es kommt einfach zu uns. Eine nie versiegende Flut von Informationen zwingt uns unaufhörlich zu selektieren, zu hinterfragen, zu vergleichen, zweckmäßig zu bündeln, zu verknüpfen, aufzubereiten …

Aber wozu das Ganze? Nun, es gibt Dinge, die wir wissen MÖCHTEN, einfach nur deshalb, weil sie uns interessieren (intrinsisch motivierte Wissensbildung), und solche, die wir wissen MÜSSEN, um damit gewisse Erwartungen zu erfüllen, gesellschaftliches Ansehen zu erlangen oder ein vorgegebenes Ziel zu erreichen (extrinsisch motivierte Wissensbildung). Wenn wir uns in den folgenden Kapiteln mit Situation/Konstellation, Kontext und Rolle beschäftigen, wird klar, was damit gemeint ist: Wie verhält man sich (im

Sinne von Umgangsformen – ebenfalls ein Wissensaspekt) in einer bestimmten Situation, in einem bestimmten Personenkreis, zu einem vorgegebenen Kontext, in einer zugeteilten Rolle? Welches fachliche Wissen wird vorausgesetzt? Welcher Standard an sogenanntem Allgemeinwissen wird erwartet? Wie teile ich anderen mein Wissen mit? Wie gehe ich – im Sinne von Wahrnehmen (Aufnehmen), Interpretieren (Verarbeiten) und Kommunizieren (Feedback) – mit unmittelbar neu gelerntem Wissen um?

Wir alle möchten doch letztendlich als kompetent, gebildet, eloquent und humorvoll durchgehen und nicht als inkompetente, ungebildete Klugschwätzer. Oder? Aber das kann zuweilen eine ganz schöne Gratwanderung sein! Vor allem dann, wenn wir uns vom faktischen, also überprüften, belegten, erfahrenen Wissen («12 x 12 = 144» oder «In der Wüste brummen die Sanddünen – ich weiß es, weil ich dort war.») entfernen und uns auf Ebenen von lediglich geglaubtem Wissen («Mir wurde gesagt, dass die Aktienmärkte zurzeit stabil sind.») oder gar fiktivem Wissen («Gott existiert.» oder «Die Mondlandung hat nie stattgefunden.») begeben.

Kurz: Die Aneignung von Wissen ist in den modernen westlichen Bildungssystemen und der fast grenzenlosen Zugänglichkeit zu unzähligen Quellen ein Einfaches geworden. Viel komplexer gestaltet sich hingegen die Selektion, die Überprüfung, das Verknüpfen und die situations- und zielgruppengerechte Aufbereitung von Wissen.

Wir tun deshalb gut daran, uns einmal folgende Fragen zu stellen:

- Was MUSS ich wissen, z. B. um meine persönlichen Ziele zu erreichen?

- Wo habe ich entsprechende Wissenslücken?

- Was weiß ich wirklich – im Sinne von erfahrenem, belegtem Wissen?

- Was glaube ich nur zu wissen?
- Wie gehe ich mit meinem Wissen in verschiedenen Situationen und Konstellationen um?
- Habe ich den Mut zu sagen «Ich weiß es nicht.» oder «Ich habe mich geirrt.»?

Oder anders ausgedrückt: Wer weiß, dass er nicht weiß, der weiß schon verdammt viel!

Ich & die anderen – oder warum ich Robinson Crusoe manchmal beneide

«Nachdem er den Schock des beinahe Ertrunkenen überwunden und sich mit der Realität vertraut gemacht hatte, jener nämlich, dass er sich allein auf einer abgelegenen Insel befand, verloren in den unendlichen Weiten des Ozeans, brach Robinson Crusoe in jubelndes Gelächter aus: ‹Ha, mein lieber Herr Vater! Hier hast du mir nichts mehr vorzuschreiben! Ha, Sire, Herr Kapitän! Hier gelten meine Regeln! Ha, König und die ganze Welt! Ihr könnt mich mal!› Dann riss er sich die ohnehin zerfetzten Kleider vom Leib und nahm, nackt wie Gott ihn geschaffen hatte, Besitz von SEINEM Reich.»

So oder ähnlich hätte der berühmte Protagonist in Daniel Defoes Roman auf die Erkenntnis reagieren können, dass sämtliche Regelwerke, die ihm bis zu seinem jungen Alter bereits aufgebürdet worden waren, auf diesem Eiland keine Gültigkeit mehr hatten. Dass er frei war von sämtlichen Verpflichtungen und Konventionen, dass er tun und lassen konnte, was er wollte, ohne Konsequenzen von Seiten der Kirche, des Königs oder der Familie fürchten zu müssen. Ganz ehrlich: Wer hat sich nicht auch schon mal in solch paradiesischen Gedanken verloren? Einfach seine Ruhe haben, für nichts und niemanden verantwortlich sein, nur für sich selbst, auf niemanden Rücksicht nehmen müssen … Und wir wissen, dass Robinsons soziale Probleme erst wieder anfingen, als dieser Eingeborene plötzlich auf der Insel auftauchte und es vorbei war mit der (in meiner Version der Geschichte) süßen Einsamkeit.

Und genau darum geht es in diesem Kapitel. Denn die Realität unserer Spezies, die sich irgendwann im Verlauf der Evolution entschieden hat, in Rudeln zusammenzuleben, ist meistens alles andere als von totaler Einsamkeit geprägt. Immer und überall, wo mindestens zwei Menschen aufeinandertreffen, gelten geschriebene und ungeschriebene Gesetze und Verhaltensregeln, die wir entweder verinnerlicht haben oder einfach akzeptieren.

«Hoppla, da ist ja noch einer!»
Robinson Crusoe in Daniel Defoes weltberühmtem Roman; Illustration von Walter Stanley Paget (1863 – 1935)

Wir können sie auch ablehnen oder gar dagegen verstoßen – dann haben wir einfach ein kleines Problem. Oder die anderen mit uns.

Jedenfalls, als dieser Eingeborene auf Robinsons Eiland erschien – er nannte ihn, wie wir wissen, Freitag, weil er ihn an ebendiesem Tag am Strand gefunden hatte –, gehörte sein eremitisches Lotterleben schlagartig der Vergangenheit an. Erst einmal mussten sich die beiden vorsichtig beschnuppern (Freund oder Feind?), dann mussten sie lernen, sich zu verständigen, anschließend wurden Arrangements getroffen (Wer schläft wo?) und Aufgaben verteilt. Und die Geschichte teilt uns mit, dass die zwei Gestrandeten letztendlich sehr gut harmonierten, woraus schließlich sogar eine Freundschaft erwuchs. Ich darf annehmen, dass Sie mir nicht widersprechen, wenn ich behaupte, dass diese Freundschaft nie möglich gewesen wäre, hätten sich die Wege des reichen Kaufmannssohns und jene des halbnackten «Wilden» auf den Straßen Yorks, der Heimatstadt Robinsons, gekreuzt.

	Allgemein	Bei Robinson Crusoe
Konstellation	Anzahl und Art der Personen, die zusammenkommen, deren Herkunft, Alter, Erfahrungsbiografie, Wertesystem, Motivation, Absichten und Ziele, Rollen	Ein reicher, «kultivierter» Kaufmannssohn aus dem englischen York und ein «primitiver» Eingeborener einer nicht weit entfernten Nachbarinsel
Situation	Ort, Zeit, allgemeine Rahmenbedingungen wie Wetter, Räumlichkeiten, Infrastruktur; Kontext (Worum geht es?), andere Einflüsse	Karibische Insel; 17. Jh.; angenehmes Klima, gelegentlich Stürme; Nahrung, Wasser, Unterschlupf vorhanden; Bedrohung durch Kannibalen

Situation und Konstellation eben – zwei entscheidende Faktoren für den Verlauf fast aller Dinge. Nein, aller Dinge! Was da genau zusammenspielt, zeigt das 5-Dimensionen-Modell aus der Gruppendynamik:

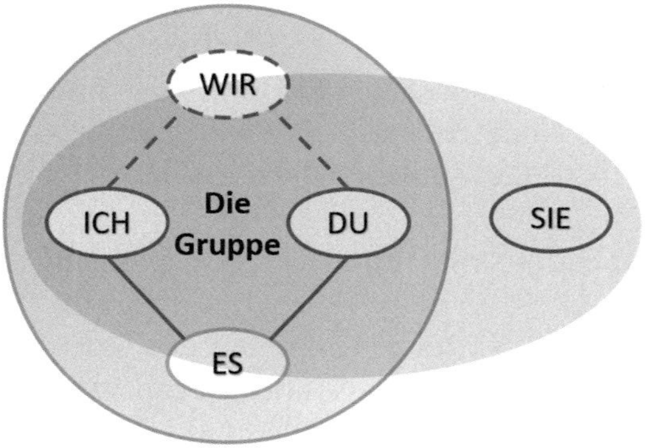

Gruppen funktionieren immer auf fünf verschiedenen Ebenen – und das gleichzeitig!

ICH meine Erfahrung, meine Werte, meine Motivation, mein Wissen -> meine Bedürfnisse, meine Sichtweise

DU deine Erfahrung, deine Werte, deine Motivation, dein Wissen -> deine Bedürfnisse, deine Sichtweise

WIR unsere gemeinsame Erfahrung, unsere gemeinsamen Werte, unsere gemeinsame Motivation, unser gemeinsames Wissen -> unsere gemeinsamen Bedürfnisse, unsere gemeinsame Sichtweise, unsere Kompromisse, unsere zugeteilten Rollen, unsere Spielregeln

ES die Sache, um die es geht (Kontext)

SIE die anderen außerhalb der Gruppe, die uns positiv oder negativ beeinflussen können; allgemeine Rahmenbedingungen

Das bedeutet, dass wir im Zusammenwirken mit anderen Individuen immer zuerst den Weg vom ICH über das DU zum WIR finden müssen, bevor wir uns effektiv mit dem ES und dem SIE befassen können.

Der US-amerikanische Psychologe und Organisationsberater Bruce Wayne Tuckmann (1938 – 2016) beschrieb 1965 ein vierstufiges Phasenmodell, nach welchem Gruppen die Art und Weise ihres Zusammenwirkens definieren. 1977 fügte er eine fünfte Phase hinzu (Adjourning). Spätere

Varianten dieses Modells zeigen zudem eine weitere Etappe (Reforming), die der fünften vorgelagert ist.

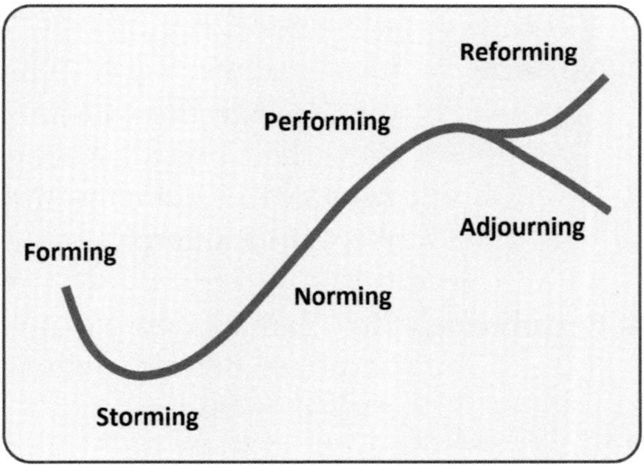

Die Gruppenbildungs-Phasen Forming, Storming, Norming und Performing laufen immer dann ab, wenn Menschen zusammenkommen. Modell nach Bruce Wayne Tuckmann (1938 – 2016)

1. Forming Zusammenkommen, die anderen beobachten, «beschnuppern», gegenseitiges Kennenlernen.

2. Storming	Stellung beziehen, Rollen einnehmen, Erwartungen und Ziele einbringen und u. U. verteidigen.
3. Norming	Gemeinsame Ziele definieren, Art der Zusammenarbeit regeln, Rollen zuordnen, gemeinsame Werte formulieren.
4. Performing	Sich gemäß den Vereinbarungen den zugeteilten Aufgaben widmen.
5. Reforming	Phasen 1 bis 3 werden wiederholt, sobald sich die Gruppenzusamensetzung ändert (der Austausch einer einzigen Person kann dazu Anlass genug sein); Phasen 2 und 3 wiederholen sich sporadisch, z. B. bei Konflikten oder im Rahmen einer regelmäßigen Überprüfung.

6. Adjourning Die Gruppe löst sich auf, zieht Bilanz, feiert Erfolge.

Wir stellen fest, dass das, was für das Individuum isoliert angesehen werden kann (Instinkte, Erfahrungsbiografie, Werte, intrinsische Motivation, Wissen) und somit noch recht einfach zu handhaben ist, bereits in einer Zweierkonstellation, aber spätestens in der Gruppe zu recht komplexen Prozessen der Abgleichung führen kann. Wenn uns dies gelingt, sprechen wir von Harmonie, andernfalls von Disharmonie oder gar Konflikt. Glücklicherweise lernen wir im Verlaufe unseres Lebens gewisse Verhaltensnormen, die in Standardsituationen und -konstellationen zum Tragen kommen (in der Kirche ist man still; in der Schule hört man zu; auf der Autobahn passt man auf; im Beisein anderer wird nicht gerülpst), ansonsten wäre unser Zusammenleben und Interagieren ein einziges Chaos. Im Privatleben haben wir zudem den Vorteil, dass wir unseren Freundeskreis so aufbauen, dass z. B. in Sachen Werte und Motivation im Großen und Ganzen Einigkeit herrscht. Und vielleicht gehören Sie zu jenen Menschen, z. B. Berater/innen, Pädagogen und Pädagoginnen, Polizeibeamte usw., die von Berufs wegen eine Routine entwickelt haben, Situationen und Konstellationen spontan weitgehend richtig einzuschätzen.

Es drängt sich natürlich die Frage auf, ob es denn nicht die unzähligen Situationen und Konstellationen sind, die uns im Verlauf unserer Lern- und Erfahrungsbiografie zu dem machen, was wir sind. Die Antwort lautet eindeutig: Ja. Ich hatte bereits an anderer Stelle erwähnt, dass sich die verschiedenen Wirkungsebenen unablässig gegenseitig beeinflussen – und nirgends wird dies so deutlich wie bei unseren Erfahrungen, die wir in einem bestimmten Umfeld und unter gegebenen Bedingungen sammeln. Ob wir bei geistiger und körperlicher Gesundheit aufwachsen oder mit einer Beeinträchtigung, ob wir in ein wohlsituiertes Elternhaus in der sicheren Schweiz geboren werden oder in ein krisengeschütteltes Schwellenland, ob wir in unserer kognitiven und emotionalen Entwicklung gefördert werden oder nicht … All dies macht natürlich einen gewaltigen Unterschied darin, wie wir die Welt erleben, was für uns wichtig ist und wie unser späteres Leben verlaufen wird, in dem wir uns tagtäglich in neue Konstellationen und Situationen begeben werden und lernen müssen, in adäquater Art und Weise darauf zu reagieren.

So oder so ist das Ganze wohl sehr spannend, aber zuweilen alles andere als einfach. Und manchmal wünsche ich mich auf eine einsame Insel à la Robinson, wo mich der Rest der Welt …

Na, Sie wissen schon!

Vom falschen Film – oder wie man einen Pudel entkernt

Ergibt es einen Sinn, sich ohne Grund, ohne erkennbare Absicht auf andere Menschen einzulassen? Denken Sie nach, lassen Sie die Frage auf sich wirken … Und? Sind Sie zum gleichen Schluss gekommen wie ich? Nämlich, dass es IMMER einen Grund gibt, warum ich mich mit jemand anderem abgebe, auf ihn eingehe, mich mit ihm auseinandersetze – oder was auch immer. Ich möchte für mich einen Mehrwert erzielen – entweder direkten Mehrwert (z. B. Nichtalleinsein, Anerkennung usw.) oder indirekten Mehrwert (z. B. ein gutes Gefühl, weil ich einem Mitmenschen helfe). So ernüchternd sich das lesen mag, sind es doch immer nur Einzelinteressen, die uns zusammentreiben. Und im Idealfall harmonieren diese mit anderen Einzelinteressen oder sogar mit Gruppeninteressen. Wenn ein Mensch einem anderen seine Liebe erklärt, müssten die berühmten drei Worte ausformuliert – so unromantisch dies auch klingen mag – wohl so lauten: «Ich liebe dich um

MEINETWILLEN, weil du MIR gefällst, weil du MIR guttust, weil du MEINE Bedürfnisse befriedigst, weil du MICH ernst nimmst, weil du MICH respektierst.» Und wenn der oder die andere SEINE oder IHRE Bedürfnisse in gleicher Weise in mir befriedigt sieht, dann ist die Sache fast schon perfekt!

Wenn wir auf das Gruppendynamik-Modell auf Seite 101 zurückblicken, braucht es also immer ein ES, also einen Grund, einen Zweck, eine Absicht, einen Sinn, damit wir vom ICH über das DU zum WIR finden können. Einen Kontext eben. Und einmal mehr liefert uns das Wort selbst die Erklärung: Kontext, von lat. *contexere,* dt. *zusammenweben.* Das DU und ICH sind mit einem oder mehreren ES verwoben, wobei wir dieses ES auf dem Webstuhl durchaus als die Längsfäden sehen dürfen, ohne die die Querfäden (ICH und DU) nie zusammenhalten würden. Ein entscheidender Erfolgsfaktor des *homo sapiens* war zum Beispiel, dass er sich im Laufe seiner Evolution mit anderen zusammentat und Strategien entwickelte,

z. B. wie die bisher unbezwingbaren Mammuts und Säbelzahntiger zu erlegen wären.

Aber nun gleich wieder zurück in die Gegenwart und hinein ins Sitzungszimmer eines modernen Unternehmens. Einige unter Ihnen können sich folgende Situation sicher lebhaft vorstellen: Die hervorragende Präsentation einer Kollegin (A) wird von jemand anderem (B) mit vordergründig sachlichen Argumenten buchstäblich in der Luft zerrissen. Worauf eine nicht mehr enden wollende Diskussion folgt und die Sitzung schließlich ergebnislos geschlossen wird. Erst später stellt sich heraus, dass A und B sich für denselben Abteilungsleiterposten beworben haben… Ein typischer Fall von «des Pudels Kern». Denn die eigentliche Diskussion drehte sich nicht um den Inhalt und die Qualität der Präsentation, sondern darum, wer im Rennen um den Leitungsposten die Nase vorn haben würde. Somit war den meisten Sitzungsteilnehmern eine wesentliche Information nicht bekannt, der gesamte Kontext also nicht klar und die Bedingung

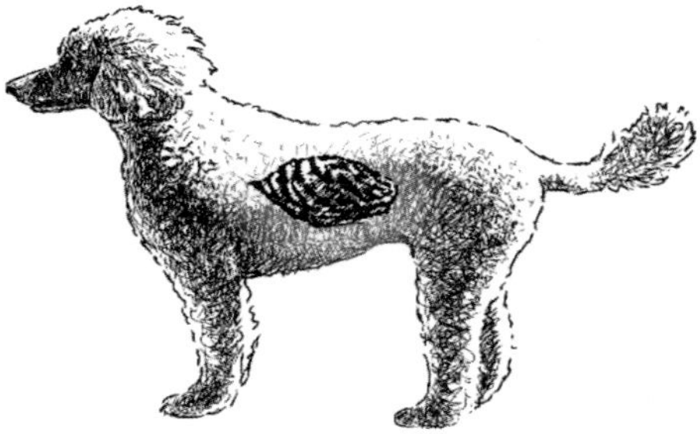

Auf dem Rückweg vom Osterspaziergang begibt sich ein schwarzer Pudel an Fausts Seite, der ihn bis in sein Studierzimmer begleitet. Dort verwandelt sich das Tier vor seinen Augen in Mephisto (den Teufel) und Faust ruft erstaunt aus: «Das also war des Pudels Kern.» Noch heute wird der Ausdruck verwendet, um auf den wesentlichen Punkt einer Sache hinzuweisen.

für eine zielführende Diskussion somit nicht gegeben. Die Sitzung wäre vielleicht zu retten gewesen, hätte jemand – um bei Goethes Faust zu bleiben – die Gretchenfrage gestellt: «Worüber reden wir hier überhaupt?»

Auch unser Privatleben beschert uns unentwegt Situationen, in denen wir uns im berühmten «falschen Film» wähnen. Beispielsweise dann, wenn ich abends nach harter, aber zufriedenstellender Arbeit nach Hause komme und meiner Liebsten, die gerade in der Küche hantiert, spontan offenbare, dass ich ziemlich erschöpft sei. Und damit sozusagen in ein offenes Messer renne: «Ja meinst du denn, ich hätte den ganzen Tag nichts getan?!!» Gut, dass ich gelernt habe nachzufragen. Denn so erfahre ich, dass sie im Büro nichts als Ärger und auf dem Heimweg eine Reifenpanne hatte und zu guter Letzt noch einen unangenehmen Anruf von der Lehrerin unseres Jüngsten entgegennehmen musste. Vom Haushalt ganz zu schweigen ... Uff, gerade nochmals gutgegangen: Kontext geklärt, Mund gehalten, zugehört, Abend gerettet!

Zusammenfassend dürfen wir also festhalten, dass der Kontext und wie dieser in Wechselwirkung zu unseren übrigen Wirkungsebenen steht (Bezugspunkte in unserer Erfahrungsbiografie, Werte, Motivation, Wissen), unser Verhalten und somit unsere Wirkung auf andere wesentlich beeinflusst. Als Individuum in einer Gruppe, besonders dann, wenn diese eine gemeinsame Aufgabe zu bewältigen hat, ist die vorgängige Klärung des gesamten Sachverhalts deshalb mehr als sinnvoll:

- Worum geht es mir?
- Wo liegen meine Interessen, jene der anderen und die Gesamtinteressen?
- Welche Ziele haben wir uns gesteckt?
- Haben wir bezüglich dieser Ziele alle die gleichen Vorstellungen?
- Mit welchen äußeren Einflüssen haben wir es zu tun?
- Welche Erfahrungen und Wertesysteme bringen die anderen mit?
- Welche Motivation treibt sie an?
- Mit welchem Wissen sind sie ausgestattet?

In der Führungstheorie bedienen wir uns schon seit längerem verschiedener Instrumente, um den Kontext, in dem sich eine Gruppe zusammenfindet, möglichst klar darzustellen. Zum einen das sogenannte Leitbild, mit Hilfe dessen wir die Gruppenwerte definieren und die Art und Weise, wie wir zusammenarbeiten möchten; zum anderen die von den einen geliebte, von den anderen gehasste SMART-Formel, die uns Hilfestellung bei Zielformulierungen leistet (siehe nächste Seite).

Und trotzdem: Unentkernte Pudel und falsche Filme werden uns wohl unser ganzes Leben lang begleiten. Und wie war das noch gleich mit dem berühmten Fettnäpfchen …?

S Das Ziel muss **spezifisch** formuliert sein. Es muss klar zum Ausdruck bringen, was erreicht werden soll.

M Das Ziel muss **messbar** sein. Es muss mit quantitativen und qualitativen Kriterien versehen sein, die eine objektive Evaluation der Zielerreichung ermöglichen.

A Das Ziel muss den Bedürfnissen und Möglichkeiten einer Einzelperson oder einer Gruppe **angepasst** sein.

R Das Ziel muss in seiner Gesamtheit, aber auch unter Berücksichtigung von «T» **realistisch** sein.

T Das Ziel muss **terminiert** sein. Ziele ohne Endtermin riskieren, immer wieder hinausgeschoben zu werden.

Die SMART-Formel hilft uns, bezüglich Zielerreichung unsere Erwartungen abzugleichen.

Was bin ich? Oder was wir mit einem Clown und der Queen gemein haben

Szenenwechsel: Savanne, Abenddämmerung, ein großer, staubiger Platz inmitten von gigantischen Affenbrotbäumen und schroffen Felsen; darauf Tausende von Affen, Vögeln und Kleingetier; Elefanten, Giraffen, Antilopen, Nashörner, Löwen, Geparde und andere große Tiere drängen sich dicht an dicht an den Rand des Platzes … Aufgeregtes Gekreische, Geschnatter, Gebrülle und Gepfeife schwängert die laue Abendluft … Dann, urplötzlich, Totenstille! Terence Termito, der gefeierte Superstar, betritt die Bühne und setzt zum ersten Monolog an – in seiner Glanzrolle als *Big* in «Die Leichtigkeit der Schwermut» von Gisèle Gazelle. Übrigens: Termito spielt einen Elefanten!

Unwirklich? So abwegig, dass obige Szene doch wohl nur einem Zeichentrickfilm entstammen kann? Nun, dann sind wir wohl alle etwas absurde Lebewesen – denn kein anderes hat das Rollenspiel so perfektioniert wie der Mensch. Dabei hat vermutlich alles so einfach angefangen, wie es in der Tierwelt noch immer zu beobachten ist: Es gab Weibchen und Männchen (biologische Rollen), Väter, Mütter und Kinder (soziale Rollen), und einige wenige professionelle Rollen (Jäger, Sammler). Ich möchte unseren Urahnen auch keinesfalls eine gewisse spielerische Kreativität absprechen, zum Beispiel das Nachahmen eines Hirsches oder das Nachäffen eines ihrer Stammesgenossen, aber es ist doch stark anzunehmen, dass der Mensch erst im Zuge der kognitiven Revolution und mit dem damit einhergehenden zunehmenden Rollenbewusstsein begann, sein «Spiel» zu verfeinern und sich immer komplexere Rollengebilde auszudenken. Allen voran die ersten formellen Rollen wie beispielsweise Sippenführerin, Medizinmann oder Priesterin.

Machen wir uns einmal bewusst, in wie viele verschiedene Rollen wir in der modernen Gesellschaft während eines einzigen Tages bewusst oder unbewusst schlüpfen: Wenn ich in der Frühe erwache und noch an nichts denke, dann bin

Australischer Medizinmann –
wohl eine der ursprünglichsten
formellen Rollen der Menschheit

ich einfach ICH mit meinen Bedürfnissen, Sorgen und Nöten. Am Frühstückstisch sieht das schon ganz anders aus. Da bin ich in der Rolle der Lebenspartnerin oder des Lebenspartners, des Vaters oder der Mutter, der Tochter oder des Sohns, des Bruders oder der Schwester … Und in der Großfamilie kann es sogar sein, dass ich in einer Person Lebenspartner, Sohn, Vater, und Bruder gleichzeitig bin. Und je nachdem, an wen ich das Wort richte, verlangt meine Rolle, in die ich gerade schlüpfe, ein ihr angepasstes Verhalten. Ein Verhalten natürlich, das, wie schon an einigen Stellen beschrieben, vor allem durch unsere Lern- und Erfahrungsbiografie und unser Wertesystem mit seinen Anstandsregeln definiert ist. Gut, Frühstück abgeschlossen. Ich bin geduscht, gekämmt, angezogen und verlasse das Haus. Jetzt bin ich Bürger, Mitmensch, Verkehrsteilnehmer, ein Erwachsener, der sich benimmt und Jugendlichen und Kindern ein Vorbild ist. Oder zumindest sein sollte. In jedem Fall sind die Erwartungen an mich und mein Verhalten anders – nicht grundlegend, aber eben doch anders. Auf dem Weg ins

Büro sehe ich mir auf dem Smartphone die letzte Folge von «Elementary» an, wo ich mich mit der Rolle des Holmes identifizierte, oder ich schicke meinen Avatar auf eine neue Online-Mission. Vielleicht muss ich aber auch nur mal schnell meine Profile auf Facebook, Instagram, Snapchat, Pinterest oder LinkedIn aktualisieren und die letzten Nachrichten beantworten. Blöderweise kommt aber gerade der Schaffner vorbei und ich stelle fest, dass ich meine Dauerkarte zuhause habe liegen lassen. Also, Rollenwechsel: Er hat im Zug das Sagen, und ich bin der fehlbare Fahrgast. Endlich im Büro angekommen! Hier bin ich der Chef – aber ich bin auch ein Angestellter, ein Kollege, ein Projektleiter, gegenüber dem Kunden ein Dienstleister, und wenn ein Lieferant anruft, dann bin ich ein Kunde. Und wie in der Großfamilie sollte ich mir zu jedem Zeitpunkt bewusst sein, mit wem ich es gerade zu tun habe und mit welchen Konventionen seine und meine Rollen belegt sind. Und weil in der Projektsitzung wieder mal keiner einen Plan hat und sich alle die Köpfe heiß reden, übernehme ich einmal mehr die

Rolle des Schlichters, begebe mich zum Flipchart und notiere Punkt für Punkt, worum es hier eigentlich geht. Feierabend! Auf dem Heimweg treffe ich mich mit ein paar Freunden zu einem Bier. Und unter Freunden darf man auch mal über seinen Vorgesetzten oder einen Kollegen schimpfen – was im Betrieb natürlich ein absolutes Tabu ist. Also lasse ich den ganzen Ärger einfach raus – bis sich Nina zu uns an den Tisch setzt. Oh, Nina, für dich schlägt mein Herz! Wenn ich nur wüsste, wie ich deines erobern kann. Du weckst in mir so … so männliche Gefühle. Gib dir Mühe! Sei ein Mann! Ein Gentleman! Biete ihr etwas zu trinken an! Steh auf und hol das Gewünschte an der Bar! Rede mit ihr!! Aber nicht zu lange, denn um 18.30 trifft sich meine Theatergruppe, um das Stück für die neue Saison zu besprechen. Mal sehen, welche Rolle ich darin übernehmen werde … Uff! Ganz schön anstrengend. Haben Sie mitgezählt, in wie viele Rollen ich im Verlaufe dieses Tages geschlüpft bin? Es waren weit über zwanzig! Und immer schön die Situation, die Konstellation und den Kontext im Auge behalten!

Aber wie gelingt uns das? Nun, von klein auf bereiten wir uns meist unbewusst darauf vor: Wir ahmen unsere Eltern nach, orientieren uns an Personen in unserem Umfeld, wir spielen Räuber und Gendarm, verlieren uns in der magischen Welt einer Prinzessin, wir loten mit unserem Verhalten Grenzen aus, identifizieren uns mit Figuren aus Kinderbüchern oder Comics und durchlaufen nach und nach verschiedenste Umgebungen und Rituale: Vom Kind zum Schüler, vom Schüler zum Lehrling oder Studenten … Dazwischen tanzen wir vielleicht in einem Ballett, spielen in einem Hockeyclub oder übernehmen verschiedene Rollen bei den Pfadfindern. Bis wir eines Tages in der Erwachsenen- und Berufswelt landen. Und spätestens hier entscheidet sich, ob uns die Qualität unseres Rollenspiels zum Erfolg gereicht oder nicht.

Verlassen wir an dieser Stelle einmal die greifbaren formellen Rollen und widmen wir uns den – finde zumindest ich – viel interessanteren informellen Rollen, die wir in einer Gruppe antreffen und die sich jenseits aller hierarchischen Stufen ansiedeln. Unter vielen anderen entwickelte auch der britische Forscher Dr. Meredith Belbin (*1926) in den 70er Jahren eine Methode zur Evaluation von Verhaltensweisen innerhalb eines Teams. Das daraus resultierende Modell zeigt neun Teamrollen, wobei keine besser oder schlechter bewertet wird als die übrigen. Im Gegenteil, in der Komplementarität und der gegenseitigen Rollenakzeptanz liegt das Geheimnis einer gut funktionierenden Gruppe.

Legende

	*Rolle*
	**Fokus der Rolle**
	positive Ausprägungen
	kritische Ausprägungen

Wissensorientierte Rollen

	Neuerer/Erfinder
	Entwickelt und bringt neue Ideen ein.
	Querdenker
	häufig gedanklich abwesend

	Beobachter
	Prüft Ideen auf ihre Machbarkeit.
	nüchtern, kritisch, strategisch denkend
	wenig Vorstellungskraft / Inspiration

	Spezialist
	Beschafft Fachwissen / Informationen.
	sachlich, engagiert, setzt auf Zahlen und Fakten
	verliert oft Zeit mit Details

Kommunikationsorientierte Rollen

	Wegbereiter/Weichensteller
	Baut notwendige Kontakte auf.
	kommunikativ, extrovertiert
	manchmal etwas überoptimistisch

	Teamarbeiter/Mitspieler
	Fördert die zielgerichtete Kommunikation.
	diplomatisch, kooperativ, deeskalierend
	unentschlossen in kritischen Situationen

	Koordinator/Integrator
	Fördert die Entscheidungsfindung.
	selbstsicher, vertrauensvoll
	kann auf andere manipulierend wirken

Handlungsorientierte Rollen

	Macher
	Hat Mut, sich an Hindernisse heranzuwagen.
	stressresistent, dynamisch, belastbar
	ungeduldig, fordernd, provokativ

	Umsetzer
	Setzt Ideen und Pläne in die Tat um.
	effektiv, verlässlich, diszipliniert
	manchmal etwas starr, unflexibel

	Perfektionist
	Sorgt für optimale, fehlerfreie Ergebnisse.
	qualitätsfokussiert, gewissenhaft
	pedantisch, überängstlich, delegiert ungern

Nebenbei: Im Internet kursieren Fragebögen, anhand derer Sie Ihre bevorzugten Rollen nach Belbin evaluieren können. Aber wie gesagt: Hierbei handelt es sich lediglich um eines von vielen Modellen, die sich der Interaktion in Gruppen widmen. Was jedoch fast alle gemeinsam haben, ist, dass sie sich der Frage widmen, warum manche Gruppen sehr gut funktionieren und andere gar nicht – obwohl Rollen und Kompetenzen doch in beiden Fällen ausreichend geklärt wären. Formell, wohlgemerkt.

Der Schlüssel zum erfolgreichen Zusammenspiel liegt im Rollenbewusstsein:

- Was ist meine Rolle?
- Welche Rolle wird in dieser Gruppe, in diesem Kontext von mir erwartet bzw. wurde mir zugetragen?
- Ist meine Rolle formeller Natur (z. B. Direktorin, Projektleiter, Sachbearbeiter) oder informeller Natur (z. B. Stimmungsmacher, Meinungsbildner, «graue Eminenz»)?
- Liegt mir diese Rolle überhaupt? Fühle ich mich wohl darin?

- Entspricht sie meinem Wertesystem, meiner Motivation?
- Verfüge ich über das rollenspezifische Wissen und die geeigneten Instrumente?
- Was sind die Rollen der anderen?
- Sind deren Rollen und meine komplementär oder stehen sie in Konkurrenz?
- Wird meine Rolle in diesem Sinne von den anderen akzeptiert? Und akzeptiere ich deren Rollen?

Fragen über Fragen, deren Beantwortung ich im Weiteren und im jeweiligen konkreten Fall gänzlich Ihnen überlasse.

Bevor ich Ihnen auf den folgenden Seiten Platz einräume, um über Ihre Rollen nachzudenken, die Sie tagtäglich spielen, möchte ich doch noch die Frage, mit der ich dieses Kapitel betitelt habe, beantworten: Was haben wir mit der Queen und einem Clown gemein? Ganz einfach: Je besser wir eine Rolle spielen, und je mehr sich unser Umfeld daran gewöhnt hat und sich darauf verlässt, desto schwieriger wird es (falls Sie das einmal möchten), aus dieser Haut wieder herauszukommen. Oder können Sie sich etwa eine Queen mit roter Nase und blauer Perücke vorstellen?

Obwohl …?

Welche Rollen spiele ich?

Zählen Sie die Rollen auf, die Sie jeden Tag einnehmen. Liegen Ihnen diese Rollen? Fühlen Sie sich wohl darin? Weniger? Oder gar nicht?

Rolle	☺	😐	☹

Rolle	☺	😐	☹

Ich sehe was, was du nicht siehst – oder warum wir alle auf einem anderen Planeten leben

O.k., das war's dann mit den acht Einflussebenen. Aber was fangen wir nun damit an? Rufen wir uns in Erinnerung, dass die Art, wie wir wahrnehmen, interpretieren und agieren, IMMER diesen «Filtern» unterworfen ist. Wir dürfen uns durchaus unterschiedliche Siebe mit unterschiedlich dimensionierten Löchern vorstellen, durch die wir ein Sammelsurium an Materialien schütteln. Oder Glasscheiben mit nuancierten Färbungen, durch die wir die Welt betrachten. Das, was bei den Sieben unten rauskommt, bzw. das, was wir durch die Gläser betrachten, wird je nach deren Kombination ganz unterschiedlich ausfallen. Kleines Beispiel gefällig? Dann stellen Sie sich folgende Situation vor: Zwei Personen betreten einen Ausstellungsraum, in dessen Mitte ein Sockel und darauf eine atomar anmutende Skulptur steht. Die erste Person, eine Physikerin, steuert direkt auf die

Skulptur zu, schon ganz in Gedanken darüber, wie sehr das Kunstwerk doch einem ihr bekannten Quantenmodell ähnelt. Nebenbei: Ich habe mit Physik überhaupt nichts am Hut und ergieße mich an dieser Stelle mit größter Wahrscheinlichkeit in absolutem Blödsinn. Aber zurück zur zweiten Person, einem Schreiner. Dieser hat den Raum kaum betreten, als er schon andächtig stehen bleibt, um dieses prächtige, mindestens zweihundert Jahre alte Fischgrätparkett aus massivem Eichenholz zu bewundern. Beide Personen waren also im selben Raum und werden am Abend im Kreise ihrer Familien und Freunde ganz unterschiedlich darüber berichten. Auch nachstehende Bilder dürften Ihnen bekannt vorkommen: das berühmte Glas, das für die einen halb voll und für die anderen halb leer ist, und dieses seltsame Bild, auf dem einige unter uns spontan eine junge, hübsche Frau entdecken, andere hingegen eine alte Dame oder gar eine grimmige Hexe. Zwei recht simple Beispiele dafür, wie unterschiedlich Wahrnehmung doch sein kann – je nach Betrachter eben.

Halb voll oder halb leer? Junge Frau oder Hexe? Jeder Mensch sieht die Welt anders.

Es ist also nicht von der Hand zu weisen: Wir alle sehen die Dinge um uns herum aus einem anderen Blickwinkel – und in diesem Sinne lebt wirklich jeder und jede auf einem anderen Planeten, in seinem oder ihrem ganz persönlichen Universum. Die Impulse, die wir durch unser Sehen, Hören, Riechen, Schmecken und Tasten aufnehmen (den umstrittenen «sechsten Sinn» lasse ich einmal beiseite), erhalten erst durch unsere Filter ihre vorläufige Form. «Vorläufig» deshalb, weil sie in dieser Phase ja noch keiner Reflexion oder Interpretation unterzogen worden sind. Aber dazu gleich. Zuerst möchte ich mich noch weiter unserer Wahrnehmung und unseren Sinnen widmen und gleich einmal festhalten, dass ich unsere physiologische Sensorik gerne mit einer «Wundertüte» (im positiven Fall) oder mit der «Büchse der Pandora» (im negativen Fall) vergleiche. Aus dem einfachen Grund, weil die Wahrnehmungen, die ich mit deren Hilfe mache, erst einmal doch sehr binär sind und heute von jedem besseren Computer simuliert werden können: heiß/kalt, groß/klein, laut/leise, bitter/süß, starr/beweglich, hellgrün/dunkelgrün usw. Interessant (und mit keinem Prozessor der Welt nachvollziehbar) wird es erst mit den Gefühlswelten, die durch diese rein physischen Impulse heraufbeschworen werden und die sich zuweilen zu mächtigen Gebilden aufbauen können. Beispielsweise eine bei unserem Gegenüber in einem bestimmten Moment hochgezogene Augenbraue, die uns in Sekundenschnelle (und natürlich gesteuert durch unsere Lern- und Erfahrungsbiografie) in einen Abgrund von Unsicherheit und Selbstzweifel stürzt, oder ein flüchtiges Lächeln unserer Angebeteten, das uns direkt auf Wolke 7 katapultiert. Nicht zu vergessen aber, dass dieselbe Augenbraue und dasselbe Lächeln auch genau das Gegenteil bewirken können.

Aber was entscheidet letztendlich, ob uns das Wahrgenommene in angenehme, schöne Gefühlswelten versetzt oder ins pure Gegenteil? Ich habe lange darüber nachgedacht und bin zum Schluss gekommen, dass es in gewisser Weise mit Harmonie zu tun hat. Wenn nämlich eine Wahrnehmung harmonisch, kohärent (oder wie auch immer wir das nennen wollen) mit unseren Einflussebenen ist, dürfte sich auf unserer Gefühlsebene ein neutrales bis positives Empfinden einstellen. Im gegenteiligen Fall, also bei Disharmonie, spüren wir spontan eine Irritation oder Schlimmeres. So oder so: Es lohnt sich fast immer, unsere Wahrnehmung sowie die damit einhergehenden Emotionen einer genaueren Überprüfung, einer Reflexion und einer ganzheitlichen Interpretation zu unterziehen. Andernfalls kann es sein, dass wir uns einer dieser «Kurzschlusshandlungen» hingeben (im Modell auf Seite 40 mit einem kleinen Blitz markiert) – und die sind ja oft nicht wirklich von Erfolg gekrönt.

Bevor wir uns gleich den Themen «Interpretation» und «Handlung» zuwenden, noch eine klärende Bemerkung vorab: Natürlich kann es sein, dass erst in der Phase der Interpretation bestimmte Emotionen erwachen, einfach deshalb, weil man erst jetzt realisiert, was da genau passiert ist, was genau getan und gesagt wurde. Oder anfängliche Emotionen (z. B. Freude über ein Kompliment) revidieren sich in Argwohn. (War das Kompliment ernst gemeint oder steckte vielleicht Spott dahinter?) Lassen Sie sich davon aber nicht verwirren – Reflexion und Interpretation sollen nämlich nichts anderes als das sein: das nochmalige Betrachten einer Wahrnehmung, deren Abwägen, Vergleichen und Bewerten. Und in diesem Sinne kann die Grenze zwischen Wahrnehmung und Interpretation zumal recht fließend sein.

Auf der folgenden Seite habe ich Ihnen eine Liste von Emotionen zusammengestellt. Überlegen Sie und kreuzen Sie entsprechend an, welche Emotionen Sie nur schon in den vergangenen drei Tagen durchlebt haben. Und warum.

In diesem Sinne: Alles klar auf Ihrem Planeten?

□ Angst □ Abscheu □ Aufregung □ Aggression □ Antipathie □ Ärger □ Argwohn □ Bedauern □ Bedrohung □ Begeisterung □ Begierde □ Beklemmnis □ Belustigung □ Dankbarkeit □ Demut □ Erhabenheit □ Ekel □ Einsamkeit □ Enttäuschung □ Empörung □ Eifersucht □ Entrüstung □ Entzücken □ Entsetzen □ Erstaunen □ Erleichterung □ Fassungslosigkeit □ Fröhlichkeit □ Freude □ Frieden □ Gelassenheit □ Glück □ Geborgenheit □ Heiterkeit □ Hass □ Hilflosigkeit □ Hoffnung □ Irritation □ Kummer □ Lust □ Leid □ Liebe □ Langeweile □ Mordlust □ Misstrauen □ Niedergeschlagenheit □ Nervosität □ Neugierde □ Neid □ Nachdenklichkeit □ Panik □ Ohnmacht □ Qual □ Respekt □ Ruhe □ Ratlosigkeit □ Reue □ Schadenfreude □ Scham □ Schmerz □ Schock □ Schuld □ Schwäche □ Selbstzweifel □ Sehnsucht □ Sicherheit □ Sorge □ Spaß □ Sprachlosigkeit □ Stärke □ Stolz □ Sympathie □ Tobsucht □ Trauer □ Übermut □ Überdruss □ Überraschung □ Unmut □ Ungeduld □ Unsicherheit □ Unglück □ Verlust □ Verbitterung □ Verblüffung □ Vertrauen □ Verwirrung □ Verzweiflung □ Zufriedenheit □ Zuneigung □ Zorn □ Zweifel

Vom Schein & Sein – oder das 1-2-3 des Nachdenkens

Kreuzen Sie all das an, was man in obiger Abbildung erkennen darf. Gehen Sie dabei nicht nur von sich selbst aus.

- ☐ ein langweiliges Emoticon
- ☐ eine fehlende Nase, fehlende Ohren
- ☐ ein lustiges Emoticon
- ☐ ein weißes Gesicht
- ☐ ein Smiley
- ☐ einen Kreis, zwei Punkte, eine gebogene Linie

- ☐ ein rundes Gesicht
- ☐ einen Kahlkopf
- ☐ ein blödes Grinsen
- ☐ den Mann im Mond

Haben Sie alles angekreuzt? Gut, dann sind wir auf dem richtigen Weg. Denn nicht alles, was uns im ersten Augenblick als UNSERE Realität erscheint, ist auch für andere so – oder nimmt sogar für uns selbst nach kurzer Reflexion ganz neue Formen an. Was habe ich gesehen oder gehört? Welche Emotionen wurden dadurch bei mir geweckt? Angenehme? Weniger angenehme? Haben sich diese Emotionen bereits wieder verflüchtigt? Oder haben sie sich in einer anhaltenden Stimmung niedergeschlagen? Wo sind die Ursachen für diese Emotionen zu suchen? In meiner Lern- und Erfahrungsbiografie? Schließe ich vielleicht aus einer vergangenen Situation auf die aktuelle? Wurden meine Werte verletzt? Entspricht das Wahrgenommene meiner Motivation? Läuft es dagegen? Finde ich in meinem Wissen Entsprechungen zum eben Gehörten oder Gesehenen? Sind die

Wahrnehmungen kohärent mit dem mir bekannten Kontext? Mit meiner Rolle? Meinen Zielen? Mit den gemeinsamen Zielen? Kann man eine bestimmte Sache, bestimmte Umstände auch anders sehen? Und wenn ja, wie? Welche Emotionen könnten bei anderen damit ausgelöst werden? Wer hat was wie gesagt oder getan? Und warum? Kann ich mir die Antworten auf all diese Fragen selbst geben? Und Moment mal: Ging es eigentlich um die Sache? Oder um mich? Um dich? Um uns? Um sie? Was spüre ich jetzt gerade? Sicherheit? Unsicherheit? Brennen mir weitere Fragen auf der Zunge? Wem möchte ich was mitteilen? Und wie? Was möchte ich tun? Welche Wirkung möchte ich bei den anderen erzielen? Wer sind diese «anderen»? Wie funktionieren sie? Was wäre in dieser Situation, in dieser Konstellation das Richtige? Gibt es Alternativen? Wen könnte ich zurate ziehen? Und wann? Bleibt mir ausreichend Zeit dafür? Oder wird – weil ich mich gerade in einer bestimmten Rolle befinde – genau in diesem Moment eine Reaktion meinerseits erwartet?

Justitia – von alters her Sinnbild für besonnenes Abwägen und Gerechtigkeit (Statue am Römerberg, Frankfurt)

Natürlich ist es nicht immer opportun, alles, was wir wahrnehmen, in dieser ausführlichen Art und Weise zu hinterfragen. Zum Beispiel wäre es fatal (und wahrscheinlich ziemlich schmerzvoll), in einem Moment, da uns jemand angreift und eine Faust auf uns zufliegt, die Motivation oder das Wertesystem des Aggressors analysieren zu wollen. Oder uns die Frage zu stellen, ob unsere Angst berechtigt ist oder nicht. Hier geht es einfach nur darum, spontan zu reagieren und den Angriff abzuwehren. Warum und wie es dazu gekommen ist, können wir danach immer noch überdenken. Glücklicherweise sind wir im Erwachsenenalter mit genügend Erfahrungswerten ausgestattet, um in den meisten Situationen mehr oder weniger richtig zu handeln, ohne groß darüber nachdenken zu müssen. Sorgfältiges Reflektieren, Abwägen und Interpretieren lohnt sich aber in all jenen Fällen, in denen wir uns mit Umständen konfrontiert sehen, die wir erstens nicht spontan einordnen können, die uns irritieren, verunsichern oder gar verletzen, und zweitens, für deren Reflexion uns die nötige Zeit zur Verfügung steht. In vielen Kommunikationssituationen können schon ein tiefes Durchatmen und das berühmte «Einundzwanzig – zweiundzwanzig – dreiundzwanzig» ausreichen, um die

Kurzschluss-Falle geschickt zu umgehen. Vielleicht braucht es ja auch nur eine Klärungsfrage … Damit wir besser verstehen oder einfach nur Zeit für weitere Überlegungen gewinnen:

- «Warum sagst du das?»
- «Kannst du das präzisieren?»
- «Kann man das auch anders sehen?»
- «Habe ich richtig verstanden, du meinst …?»
- «Wie würdest du an meiner Stelle handeln?»

usw.

Die besonnenen Leserinnen und Leser werden an dieser Stelle vielleicht eine Augenbraue hochziehen und sich denken: Ist doch klar! Ja, ist es auch. Aber nur in IHREM Universum und mit IHRER Art zu funktionieren! Aber an Sie richtet sich dieses Kapitel auch nicht unbedingt, sondern eher an Ihre impulsive Chefin, an den «Rundumschläger» in Ihrem Team oder an Ihre Freundin, die bei der leisesten Kritik – so wohlgemeint sie auch sein mag – dem Weltuntergang nahe ist. All diesen Mitmenschen wünsche ich, dass sie die Disziplin (und mit der Zeit auch den Reflex) entwickeln, in für sie kritischen Wahrnehmungsmomenten kurz innezuhalten, zu überdenken, zu hinterfragen und Handlungsvarianten zu prüfen.

Und? Lesen Sie noch, oder reflektieren Sie schon?

Soll ich, oder soll ich nicht? Oder wie ich die Welt verändere

Die wenigsten unter uns werden den Anspruch haben, die Welt zu verändern. Und trotzdem tun wir es unentwegt. In bescheidenem Rahmen, wohlgemerkt. Es mag nun ein wenig an den Haaren herbeigezogen sein, aber wenn Sie am Wegrand eine Blume pflücken, dann ist die Welt – absolut gesehen – einfach nicht mehr das, was sie vorher war. Genau diese Welt nämlich, mit genau dieser Blume an genau diesem Wegrand. Weiter gedacht kann es sogar sein, dass sich ein zutiefst deprimierter Mensch gleich hinter der nächsten Wegbiegung von einer Klippe stürzt … Was er vielleicht nicht getan hätte, hätte ihn genau diese Blume auf seinem Weg dorthin innehalten lassen und ihn für einen kurzen Augenblick erfreut. Vielleicht erinnert Sie diese kurze Fiktion an die berühmte Frage, mit der sich unter anderem Chaos-Forscher befassen, nämlich jener, ob der Flügelschlag eines Schmetterlings in Peking einen Tornado in Kansas auslösen kann. Rein theoretisch muss man diese

Frage wohl mit ja beantworten; praktisch beweisen lässt es sich aber kaum. Also werden Sie jetzt bloß nicht paranoid, und pflücken Sie weiter Blumen – es wird sich deswegen schon keiner umbringen. Hoffe ich wenigstens.

Der Schmetterlingseffekt: Mit allem, was wir sagen oder tun, verändern wir die Welt. (Bildquelle unbekannt)

Aber seien wir uns trotzdem bewusst, dass wir mit allem, was wir tun und sagen, eine Wirkung auf unsere Mitwelt erzeugen. Die Frage ist nur: Ist es die Wirkung, die wir beabsichtigt haben? Und an dieser Stelle muss ich Sie gleich enttäuschen, denn ein Rezept mit hundertprozentiger Garantie gibt es nicht! Die Variablen sind einfach zu vielfältig. Wenn Sie aber die «Checkliste» auf folgender Seite beachten, verbessern Sie die Chancen, Ihre Wirkung in die gewünschte Richtung zu lenken. Sie werden feststellen, dass insbesondere die Punkte 1 bis 6 das Ergebnis einer eingehenden Reflexion sind.

Es liegt natürlich auf der Hand, dass zielgerichtetes Handeln und Kommunizieren sehr stark davon abhängt, wie sehr wir kognitiv dazu befähigt sind. Das bedeutet, dass es Kommunikationsprofis oder geborenen Strategen leichter fällt, die richtigen Worte zu finden und adäquat zu vermitteln. Aber Kommunikation, zielgerichtetes Handeln und Verhandeln sind lernbar. Wenn Sie also in einem dieser Bereiche ein quälendes Manko bei sich verspüren, dann nichts wie los! Aber Vorsicht, auch auf dem Weiterbildungsmarkt (insbesondere in den Disziplinen der Persönlichkeitsentwicklung) ist manches

1. Seien Sie sich Ihrer Absicht, Ihrer Ziele bewusst.
2. Seien Sie sich Ihrer Rolle bewusst.
3. Seien Sie sich des Kontexts bewusst.
4. Kennen Sie Ihr Gegenüber, seine Absichten, seine Ziele, seine Motivation, seine Werte, seinen Wissensstand, seine Rolle.
5. Wählen Sie eine entsprechend angepasste Handlungsweise bzw. adäquate Worte.
6. Erklären Sie, falls Sie das für zweckmäßig halten, schon vorab, warum Sie gleich etwas tun oder sagen werden und/oder aus welcher Rolle heraus Sie Ihr Gegenüber ansprechen.
7. Handeln Sie bzw. sprechen Sie aus, was Sie zu sagen haben.
8. Überprüfen Sie mit Rückfragen, ob die Handlung bzw. das Gesagte richtig angekommen ist.
9. Falls notwendig, präzisieren Sie.
10. Geben Sie bei unerwünschten/unerwarteten Reaktionen (Sie befinden sich bereits wieder in der Wahrnehmungsphase) nicht einfach dem spontanen Drang nach, zurückzukrebsen oder auf Konfrontationskurs zu gehen, sondern nehmen Sie sich, wenn es die Situation zulässt, erneut Zeit für eine kurze Reflexion.

mehr Schein als Sein. Wägen Sie deshalb sorgfältig ab, bevor Sie sich für einen Lehrgang entscheiden.

Auf den folgenden beiden Seiten habe ich Ihnen einen kurzen Schnell-Check zusammengestellt, mit dessen Hilfe Sie Ihren Kommunikationsstil hinterfragen können. Und wenn Sie ihn ausgefüllt haben, warum nicht eine gute Kollegin, einen Freund oder Ihre Lebenspartnerin um eine Fremdbeurteilung bitten? Das kann helfen …

… oder schmettert Sie zu Boden.
Ja, warum denn wohl?

So kommunizere ich	☺	😐	☹
VERBAL			
Ich wähle meine Worte mit Bedacht und dem Publikum angepasst.			
Ich bilde einfache, kurze Sätze.			
Meine Aussagen sind prägnant und zielen auf das Wesentliche ab.			
Meine Aussagen sind logisch aufgebaut.			
Ich führe anschauliche Beispiele an.			
Ich rege mein Gegenüber mit Fragen an.			
PARAVERBAL			
Ich spreche entspannt und in angenehmem Tempo.			
Meine Stimmlage / Lautstärke sind nuanciert und unterstreichen das Gesagte.			
Ich füge Sprechpausen ein, erzeuge so Spannung oder gebe Raum zum Nachdenken.			

So kommunizieren ich	☺	😐	☹
NONVERBAL			
Ich habe die meiste Zeit Blickkontakt mit meinem Gegenüber.			
Meine Mimik ist entspannt, offen und nuanciert.			
Mein Körper ist aufrecht und meinem Gegenüber zugewandt.			
Ich nutze den Raum, der mir zur Verfügung steht. Ich gehe auf die anderen zu.			
Meine Gestik unterstreicht das Gesagte.			
Ich verspüre nicht den Drang, meine Hände zu verstecken.			
Ich lächle.			
ALS ZUHÖRER/IN			
Ich höre so lange aufmerksam zu, bis mein Gegenüber geschlossen hat.			
Ich gebe gelegentliche Signale, dass ich folgen kann (z.B. Nicken).			
Ich suche den Blickkontakt.			

So kommuniziere ich	☺	😐	☹
Ich unterbreche nicht.			
Bevor ich antworte, reflektiere ich kurz und stelle, falls nötig, Verständnisfragen.			
IM ALLGEMEINEN			
Ich werde von meinen Mitmenschen als angenehmer Gesprächspartner empfunden.			

Was nun? Oder warum Manipulation gar nicht so schlimm ist

Es kann sein, dass sich durch die bisherige Lektüre viele der folgenden Anregungen und Fragen für Sie bereits erledigt bzw. beantwortet haben. Wenn dem so ist, verstehen Sie dieses Kapitel einfach als eine Zusammenfassung des bereits Gelesenen. Hervorheben möchte ich an dieser Stelle dennoch – aber auch das werden Sie vielleicht schon festgestellt haben –, dass das Modell und die dazugehörigen Erläuterungen praktisch in allen Lebenslagen, in denen zwischenmenschliche Interaktion stattfindet, anwendbar sind:

- alltägliche Begegnungen
- Erziehung
- Mitarbeiterführung
- Teambildung
- Konfliktsituationen
- Schul-, Berufs- und Erwachsenenbildung
- Beratung und Coaching
- Gruppenmoderation

- Unternehmenskommunikation
- Marketing / Werbung
- …

Wenn Sie also folgende drei Grundregeln beachten, stehen die Chancen gut, dass Sie in Zukunft weitgehend die Wirkung erzielen, die Sie beabsichtigt haben. Oder dass niemand mehr auf eine Art und Weise auf Sie einwirkt, die Sie nicht möchten.

1. Sich den Spiegel vorhalten

Fangen wir am besten bei uns selbst an. Egal, ob Sie Wirkung auf andere erzeugen möchten, oder «Zielobjekt» von Wirkung sind – Grundvoraussetzung für ein effektives Wirkungsmanagement (verzeihen Sie mir dieses grauenhafte Wort, aber mir ist leider kein besseres eingefallen) ist, dass Sie sich selbst kennen (lernen). Das Grundmodell bietet dafür ein geeignetes Reflexionsraster. Arbeiten Sie sich am besten von unten nach oben durch.

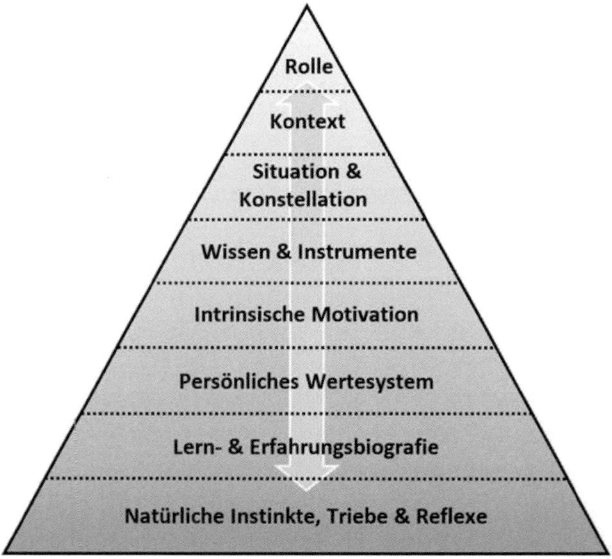

Die acht Einflussebenen –
im Folgenden von unten
nach oben betrachtet = A bis H

A) Wie stark bin ich in meiner aktuellen Lebenslage oder in einzelnen Situationen von meinen natürlichen Trieben, Instinkten und Reflexen gesteuert? Von welchen im Besonderen?

B) Wer oder was sind – im positiven wie auch im negativen Sinn – die prägenden Personen, Erlebnisse und Lernsituationen in meinem Leben? Trage ich ungünstige Denk- und Handlungsmuster mit mir herum? Oder gar Traumata? Kann es sein, dass ich die Welt um vieles rosiger bzw. düsterer sehe als andere?

C) Von welchen Werten bin ich nicht bereit abzuweichen? Bin ich mir ausreichend bewusst (und kann ich es akzeptieren), dass andere Menschen andere Werte vertreten und dass sie von diesen vermutlich genauso überzeugt sind wie ich von meinen?

D) Was treibt mich im Leben an? Was unternehme ich aus mir selbst heraus, einfach, weil es mir Spaß macht, weil es mich befriedigt? Was würde ich gerne tun? Und was hindert mich daran? Trage ich wegen unerfüllter Wünsche Frustrationen oder Missgunst mit mir herum?

E) Bin ich mir meines Wissens und der mir zur Verfügung stehenden Instrumente bewusst? Habe ich Wissenslücken, die ich schließen sollte? Bin ich mir bewusst, dass nicht alles, was für mich klar ist, für andere ebenso selbstverständlich sein muss?

F) Bin ich mir zu jedem Zeitpunkt bewusst, in welcher Situation ich mich gerade befinde? Mache ich mir Gedanken über die jeweilige Konstellation von Menschen? Vorausgesetzt, ich halte es für angebracht und grundsätzlich möglich: Würde ich es wagen, Veränderungen an der Situation/Konstellation vorzuschlagen oder gar durchzusetzen?

G) Verschaffe ich mir in jeder Situation größtmögliche Klarheit, was den Kontext betrifft? Habe ich keine Hemmungen, so lange nachzufragen, bis ich diese Klarheit habe?

H) Bin ich mir in jeder Lebenslage der mir darin zugedachten bzw. der von mir erwarteten Rolle bewusst? Fällt es mir leicht, mir «einen anderen Hut» aufzusetzen? Teile ich den anderen mit, aus welcher Rolle heraus ich gerade handle oder kommuniziere? Fällt es mir leicht, andere Rollen zu akzeptieren, auch wenn sie vielleicht in Konkurrenz zu meiner stehen?

Gut, das Schwierigste ist getan. Ab jetzt ist das Risiko geringer, dass Sie an Ihren wunden Punkten angegriffen werden bzw. Sie von sich auf andere schließen oder Ihre eigenen «Zustände» auf andere projizieren. Verinnerlichen Sie, was Sie in dieser Phase über sich selbst erfahren haben – und überprüfen Sie es von Zeit zu Zeit. Denn Sie sind morgen vielleicht nicht mehr die Person, die Sie heute sind.

2. Wissen, was man will

Weiter zur nächsten Knacknuss: Worum geht es eigentlich? Was möchten Sie erreichen, verändern, bewirken? Generell oder punktuell, in einzelnen Situationen ... Wenn Sie etwas verändern möchten, fangen Sie am besten damit an, indem Sie eine klare, zielgerichtete Absicht formulieren. Einige Beispiele dafür habe ich Ihnen nachstehend aufgelistet. Und vielleicht kann es helfen, wenn Sie sich Ihre (positiv

Dieses Post-it habe ich vor einiger Zeit am Kühlschrank einer lieben Freundin entdeckt.

formulierte) Absicht gleich auf ein Post-it schreiben und es an den Kühlschrank, Bildschirm und/oder auf die Innenseite Ihrer Handyhülle kleben. Denn vieles passiert nicht von heute auf morgen, sondern braucht Zeit. Denken Sie an Ihre neuronalen Verbindungen, an Ihre Denk- und Handlungsmuster, die Sie vielleicht neu programmieren müssen. Ganz im Sinne: «Steter Tropfen höhlt den Stein.»

Beispiele für positiv formulierte Absichten:

Generell

- Ich möchte sympathisch wirken.
- Ich möchte wahrgenommen werden.
- Ich möchte, dass andere sich für mich interessieren.
- Ich möchte verstanden werden.
- Ich möchte ruhig und gelassen bleiben.
- Ich möchte auch in kritischen Situationen sicher auftreten.
- Ich möchte Feedback/Kritik sachlich entgegennehmen können.
- Ich möchte Konflikte konstruktiv austragen.
- …

Punktuell

- Ich möchte eine sachliche Information vermitteln.
- Ich möchte, dass andere etwas für mich tun.
- Ich möchte mich einfach nur mitteilen, mich öffnen.
- Ich möchte Wissen vermitteln.

- Ich möchte eine Diskussion anregen.
- Ich möchte einer Diskussion eine bestimmte Richtung geben.
- Ich möchte in einer Diskussion überzeugen.
- Ich möchte etwas verkaufen.
- Ich möchte einen Konflikt aufdecken.
- Ich möchte einen Konflikt provozieren. (Anmerkung: Auch das kann manchmal sinnvoll sein.)
- Ich möchte einen Konflikt lösen.
- Ich möchte eine Person oder eine Gruppe für mich gewinnen.
- Ich möchte zwischen anderen vermitteln.
- Ich möchte einen Prozess beschleunigen oder verlangsamen.
- Ich möchte einen schwierigen Kursteilnehmer oder eine schwierige Sitzungsteilnehmerin in den Griff bekommen.
- …

Noch ein kleiner Hinweis: Versuchen Sie nicht zu viel auf einmal. Eines nach dem anderen lautet die Devise!

3. Seinem Gegenüber ein Gesicht geben

«Du musst deinen Feind kennen, um ihn besiegen zu können», schrieb einst Sun Zi, ein chinesischer Philosoph und Stratege, der ca. 500 vor Christus in der Zeit des Königreichs Wu lebte. Zugegebenermaßen liest sich diese Aussage recht martialisch – trotzdem erlaube ich mir, sie in diesem Kontext zu zitieren. Es muss ja nicht immer (hoffentlich nie) ein Feind sein, um den es sich dreht, aber es steht außer Frage, dass es sich oft lohnt, sein Gegenüber eingehend zu erforschen. Denn so wie Sie selbst hat auch jeder andere seine ganz eigene «Chemie». Eine Chemie, die sich zwar aus den gleichen Grundstoffen, aber in unterschiedlicher Dosierung und Wirkung zusammensetzt. Ergründen Sie also Ihr Gegenüber, so wie Sie sich unter Punkt 1 dieses Kapitels selbst ergründet haben. Nur so können Sie im Anschluss eine geeignete Strategie entwickeln. Natürlich sind Sie dabei weitgehend auf Ihre Vorstellungskraft angewiesen, denn nicht in allen Situationen haben wir die Möglichkeit, der betreffenden Person (zumal

«Du musst deinen Feind kennen,
um ihn besiegen zu können.»
Sun Zi, Philosoph und Stratege,
544 – 496 v. Chr.
(Bildquelle unbekannt)

ja recht persönliche) Fragen zu stellen. Wie das gehen kann, will ich Ihnen anhand zweier Beispiele aus meiner eigenen beruflichen Praxis näherbringen.

Beispiel 1: Stellensuchende

Von Zeit zu Zeit empfange ich Gruppen von qualifizierten Stellensuchenden in jeweils sechstägigen Kursen zu den Themen Standortbestimmung und Bewerbungstechniken. Die Teilnehmenden werden von der Arbeitsmarktbehörde im Sinne einer «obligatorischen Förderungsmaßnahme» diesen Kursen zugewiesen. Die übergeordneten Kurs- und Lernziele sind von der Behörde vorgegeben; meine persönlichen Ziele sind die Wissensvermittlung, die Förderung der Eigenverantwortung sowie das Wecken von Kreativität und Mut bezüglich bisher unbeschrittener Wege.

Heute habe ich im Umgang mit diesen Menschen natürlich eine gewisse Routine. Für die ersten dieser Kurse habe ich mir jedoch folgenden Steckbrief erstellt:

Alter	18 bis 64
Geschlecht	Frauen und Männer
Nationalität	Mehrheitlich Schweizer/innen; aber auch Nichtschweizer/innen, jedoch mit guten Deutschkenntnissen

Soziale Herkunft	Untere bis obere Mittelschicht
Letzte berufliche Stellung	Vom Lehrabgänger bzw. Angestellten bis zur Geschäftsführerin oder -inhaberin
Branchen / Arbeitsbereiche	Alle; Tätigkeiten in der Privatwirtschaft, Verwaltung, in sozialen Institutionen, Non-Profit- und Nichtregierungsorganisationen
Lernerfahrung	Bei den meisten liegt die letzte Lernerfahrung eher weit zurück. Sie sind es nicht mehr gewohnt, während sieben Stunden am Tag «die Schulbank zu drücken».
Bildung, Wissen, Instrumente	Lehrabschluss bis akademische Laufbahn; Fähigkeit zur Selbstreflexion unterschiedlich ausgeprägt

Mögliche kritische Befindlichkeiten	• Wut auf Arbeitgeber wegen Kündigung • Enttäuschung / Frustration • existenzielle Ängste • Abneigung gegenüber Behörden • Erschütterung in ihrem Wertesystem (nach 20 Jahren loyalem Dienst vom Arbeitgeber gekündigt) • Krankheit, Depressionen, Burn-out • schwierige familiäre / persönliche Situationen • …
Extrinsische Motivation für diesen Kurs	Der Kursbesuch ist Bedingung für den weiteren Bezug von Arbeitslosenentschädigung.
Intrinsische Motivation für diesen Kurs	Schnell wieder eine Stelle finden (bei den meisten); nur die wenigsten freuen sich des Lernens wegen auf die Teilnahme.

In welcher Rolle könnten mich die Teilnehmenden sehen?	• Kursleiter • Coach • Vertreter der Arbeitsmarktbehörde • Autorität • Helfer • «Freund» • «Feind» • Spezialist • Mitmensch • … Die einen könnten sich von mir etwas erhoffen (Wissen, Unterstützung, eine Stelle), die anderen könnten Ihre Frustrationen auf mich projizieren.

Sie mögen sich fragen, wie man bei solch einer facettenreichen, komplexen und unberechenbaren Ausgangslage eine Strategie entwickeln kann … Nun, diese Frage habe ich mir anfangs auch gestellt! Heute bin ich mir bewusst, dass allein schon das Erstellen eines solchen Teilnehmer / innen-Profils mich mental, emotional und intellektuell auf verschiedene Situationen vorbereitet. Oder mit anderen Worten: Ich entziehe dem Überraschungsmoment weitgehend seine Macht über mich. Ich habe schon «vorreflektiert», bevor ich überhaupt etwas wahrgenommen habe. Die wichtigste Erkenntnis war und bleibt jedoch, dass ich mir jeweils ganz zu Anfang des Kurses genügend Zeit einräumen muss, um die Anwesenden kennenzulernen, einzuschätzen und zu entscheiden, an welchem Punkt ich sie berühren bzw. abholen kann. Bei Ihrem Wissensdurst? Ihren Ängsten? Ihren Frustrationen? Ihrer Motivation?

Ich darf sagen, dass ich mich heute recht routiniert und sicher in solche Veranstaltungen begebe – aber es wäre gelogen, wenn ich behauptete, dass mich ab und zu nicht doch noch jemand eiskalt erwischt.

Autsch!

Beispiel 2: Der unzähmbare Sitzungsteilnehmer

Die Geschäftsführerin einer größeren Stiftung bat mich vor einigen Jahren, während zweier Tage ihre Jahreshauptversammlung zu moderieren; einfach aus dem Grund, weil ein bestimmtes Mitglied des Stiftungsrates – nennen wir es X – mit seinem Verhalten alle anderen «mundtot mache» und somit die ordentliche Bearbeitung der Tagesordnung verhindere. Ein Ausschluss dieser Person sei nicht möglich, da sie von viel höherer Instanz berufen worden war und man ihr zudem im eigentlichen Sinn keine Verfehlungen vorwerfen könne. Auch in diesem Fall erfragte ich von der Geschäftsführerin möglichst viele Details und erstellte daraus folgendes Profil zu X:

- männliche Person
- um die siebzig Jahre alt
- Oberst a. D. (Berufsmilitär)
- autoritär, laute Stimme
- hat seine feste Meinung und Weltanschauung

- lässt kaum jemanden zu Wort kommen bzw. fällt ins Wort, wenn jemand spricht
- beruft sich auf seine jahrzehntelange Erfahrung und gibt wenig auf die Erfahrung anderer
- führt in für ihn kritischen Situationen ins Feld, dass er über beste Beziehungen bis in die obersten Regierungskreise verfüge
- würde sich selbst als kollegial und der Sache verpflichtet bezeichnen (und hat dies im Rahmen von diversen Aussprachen auch schon mehrmals unterstrichen)

Sehr schnell zeichnete sich mir das Bild eines Machtmenschen (intrinsische Motivation), der an hierarchische Strukturen, an Autorität, Beziehungen zu anderen Machtpersonen und an das Gesetz des Stärkeren glaubt (Lern- und Erfahrungsbiografie). Wie sollte ich als externer Moderator einer solchen Person die Stirn bieten? Wohlgemerkt, ich hatte in diesem Sinne ja keine Weisungsbefugnis – noch weniger hätte ich mit möglichen Konsequenzen drohen können.

Ich ließ mir das Ganze mehrere Tage durch den Kopf gehen. Und ganz ehrlich, mir wollte einfach nichts Gescheites einfallen. Bis es der Zufall wollte, dass ich zufällig einen Bekannten traf (nennen wir ihn Z), der soeben auch als Berufsmilitär im höheren Dienstgrad (Major) in den Ruhestand getreten war. Und nur so aus Neugier erkundigte ich mich bei ihm, ob er Herrn X kenne. «Und ob! Aber nur vom Hörensagen.» war seine Antwort. «X ist für seinen unbequemen Charakter bekannt wie ein bunter Hund.» Und so fragte ich meinen Bekannten, ob ich X denn Grüße von ihm ausrichten dürfe. Natürlich wunderte er sich über meine Bitte, da er ihn ja nicht persönlich kannte, aber er vertraute mir und willigte schließlich ein. Am Tag der Hauptversammlung war ich schon eine Stunde vor Beginn am Tagungsort und hatte so die Möglichkeit, jedes eintreffende Ratsmitglied persönlich zu begrüßen. So auch Herrn X:

«Guten Morgen, Herr X. Freut mich, Ihre Bekanntschaft zu machen. Und ach ja, ich soll Ihnen herzliche Grüße von

Herrn Z ausrichten.»
«Wer soll das sein?» erkundigte sich X in forschem Ton.
«Ein Bekannter; Major a. D.», antwortete ich.
«Aha. Und woher kennt der mich?»
«Von einer Tagung, wenn ich ihn richtig verstanden habe.»
«So, so … Äh, ja, danke.»

Ich konnte richtig sehen, wie es hinter der Stirn von Herrn X mahlte: Wer ist dieser Kerl, der mir von einem anderen Kerl, den ich nicht kenne, Grüße ausrichtet? Bestimmt ein Irrtum! Aber wenn nicht? Vielleicht habe ich den Namen ja ganz einfach nur vergessen? Und erst noch ein Major! Ein höherer Dienstgrad! Der kennt bestimmt andere Leute. Einflussreiche Leute! Und wenn dieser Breitenmoser diesen Z kennt, dann hat der vielleicht auch Beziehungen zu wichtigen Leuten …

Kurz und gut: Ich hatte Herrn X genau an der richtigen Stelle erwischt. Nämlich in seinem Glauben an Macht, Einfluss und Hierarchie. Das Ergebnis war, dass er sich die zwei Tage, die ich mit ihm verbrachte, recht handzahm verhielt und die Versammlung konstruktiv über die Bühne gehen konnte.

Aber das ist doch alles Manipulation, mögen Sie jetzt denken. Ja, das ist es! Und es ist auch an der Zeit, den Begriff «Manipulation» zu entstigmatisieren. Wir werden manipuliert – und wir manipulieren. Von klein auf. Unentwegt. Oder würden Sie mir widersprechen, wenn ich behauptete, auch Sie hätten nicht schon in Ihrer Kindheit versucht, Ihre Eltern zu manipulieren, sprich: gegeneinander auszuspielen? Oder Ihre Eltern Sie mit Belohnungen «gelockt»? Wir, unsere Ziele, unsere Werte sind uns immer am nächsten, und somit heiligt der Zweck die Mittel. Streiten können wir höchstens noch über Moral und Ethik, also darüber, welche Absicht hinter dieser Manipulation steht, ob wir Persönlichkeitsrechte damit verletzen oder nicht. Also, handeln Sie in «edler» Absicht – Respekt und Wertschätzung dürfen dabei nie auf der Strecke bleiben. In meinen Wertvorstellungen, natürlich! Und wenn es die

Situation verlangt, besorgen Sie sich zu diesem Zweck jede nur verfügbare (und natürlich legal zugängliche) Information über Ihre künftigen Gesprächs- und Verhandlungspartner, Kursteilnehmer, Kunden, Lieferanten, Arbeitgeber, Arbeitnehmer … Im persönlichen Gespräch, durch Fragen, durch Beobachtungen und – die digitalen Medien machen es möglich – durch Recherchen im World Wide Web.

Und ein allerletzter Ratschlag am Ende dieses Kapitels: Immer schön durchatmen! Wahrnehmen, auf drei zählen, reflektieren, nochmals auf drei zählen, und dann das tun oder sagen, was Sie für richtig halten. Und sollte es sein, dass Ihnen Ihre Wahrnehmung trotz all Ihrer Bemühungen mitteilt, dass Sie wieder einmal Lichtjahre danebenliegen, mit 180 km/h gegen eine Mauer rennen oder sich bis zum Hals im Fettnäpfchen suhlen – macht nichts! Dann wird halt nochmals reflektiert.

Ganz nach dem Motto: Lernen ist menschlich, und irren tun wir uns ein Leben lang!

Annalisa lässt grüßen – oder warum wir so gern Kreuzchen setzen

Ob wir es uns nun eingestehen wollen oder nicht – die meisten von uns lieben sie: diese «Persönlichkeitstests» in Magazinen wie Annalisa, Women's Health, Men's Vision & Co. Und warum? Ganz einfach: Die Autor/innen dieser Tests stellen uns zwanzig oder dreißig Fragen, und nach ein paar Minuten wissen wir, ob wir mit Geld umgehen können, ob wir einfühlsame Liebhaberinnen sind oder treue Freunde. Dabei entbehren die meisten dieser Fragebögen und Auswertungen jeglicher wissenschaftlicher Grundlage. Macht aber nichts! Denn erstens sind die Resultate meistens ja trotzdem tendenziell zutreffend, und zweitens schadet es gar nichts, wenn wir von Zeit zu Zeit über uns und die zahlreichen Facetten unseres Daseins nachdenken. Denn je besser wir uns kennen, desto einfacher fällt uns die Interaktion mit unserer Mitwelt.

Deshalb keine Hemmungen! Kreuzen Sie munter weiter Kästchen an, wann und wo immer Sie können, und freuen Sie sich daran, dass Sie über Fragen nachgedacht haben, die Sie sich selbst nie und nimmer gestellt hätten. Und wenn Ihnen die Resultate nicht gefallen, dann war es einfach ein blöder Test. Oder?

Jedenfalls, Fragen zu stellen ist gar nicht so einfach wie man vielleicht denken mag. Wissenschaftler aller Sparten wissen, dass es hauptsächlich die richtigen Fragen sind, die sie in ihrer Forschung weiterbringen. Und da Sie ja gerade ein persönlichkeitsbildendes Büchlein in Händen halten, möchte ich Ihnen die Fragebögen der Fachrichtung Persönlichkeitspsychologie und Diagnostik des Psychologischen Instituts der Universität Zürich wärmstens empfehlen. Auf deren Seite **http://charakterstaerken.org/** finden Sie zahlreiche (und in diesem Fall wissenschaftlich hinterlegte) Tests zu verschiedenen Bereichen der menschlichen Psychologie. Das Ausfüllen der Fragebögen ist kostenlos; dafür werden Ihre Eingaben für Forschungszwecke verwendet – selbstverständlich ohne Ihre Persönlichkeitsrechte in irgendeiner Weise zu verletzen. Und natürlich kann ich keine Garantie dafür übernehmen, dass die Seite bis in alle Ewigkeit verfügbar sein wird.

In diesem Sinne: Viel Spaß! Und wenn Sie schon dabei sind, denken Sie doch auch einmal darüber nach, ob es eigentlich mehr Fragen oder mehr Antworten gibt.

Philosophisch, fürwahr!

Da war noch was

O.k. Wir sind am Ende. Oder beinahe. Denn was wäre ein Buch ohne ein Schlusswort? Einfach nicht normal, oder? Denn so haben wir es gelernt, ergo muss es so sein. Sagen jedenfalls meine Synapsen. Nun denn, Herr Breitenmoser, gib deinen Leserinnen und Lesern noch einen allerletzten guten Rat mit auf den Weg!

Also, da gibt es zwei Dinge. Erstens, bleiben Sie sich selbst treu – Sie müssen sich nicht permanent verbiegen. Sie müssen nicht jede Situation in Ihrem Leben in ihre Einzelteile zerlegen. Sezieren Sie nicht jeden Moment, der Ihnen beschert ist. Nehmen Sie sich, die anderen und die vermeintlichen Probleme, die sich vor Ihnen auftürmen, nicht so ernst. Denn schon einen Moment später könnten Sie feststellen, dass sie der Mühe nicht wert waren. Seien Sie, wo und wann immer es möglich ist, spontan und manchmal auch – ich erinnere mich immer gerne an ebendiese Momente – einfach voll daneben! Denn voll daneben ist manchmal auch o.k. Denn genau in diesen Situationen genießen wir vollste Aufmerksamkeit und ernten zuweilen auch die herzlichsten Lacher. Lachen Sie mit! Lachen Sie über sich selbst und freuen Sie sich daran, dass Sie einfach auch nur ein Mensch sind. Ein Mensch mit Stärken, ein Mensch mit Fehlern, ein Mensch mit Herz und Seele!

Zweitens möchte ich Ihnen zehn goldene Regeln empfehlen. Regeln, die ich mir nicht selbst ausgedacht habe, sondern über die ich vor einigen Jahren aus Zufall und dank meiner angeborenen Neugier gestolpert bin: *HOW TO WORK BETTER.* Die beiden Schweizer Künstler Peter Fischli (*1952) und David Weiss (1946 – 2012) haben diese «Charta» 1991 im Rahmen eines Kunst-am-Bau-Projektes an einem Bürohaus in Zürich-Oerlikon (Schweiz) verewigt. Aber auch sie sind nicht die eigentlichen Urheber – entdeckt haben die beiden Kunstschaffenden sie am Personalspind einer kleinen Keramikfabrik in Thailand.

Auf der folgenden Seite also das Original und meine Übersetzung – und ich denke, hätte ich sie Ihnen gleich auf den ersten Seiten gezeigt, wäre die Hälfte meiner Ausführungen vielleicht hinfällig geworden. Aber wie brachte es der bekannte Elektronikmarkt einmal so treffend auf den Punkt:

«Ich bin doch nicht blöd!»

HOW TO WORK BETTER.

1 DO ONE THING
AT A TIME
2 KNOW THE PROBLEM
3 LEARN TO LISTEN
4 LEARN TO ASK
QUESTIONS
5 DISTINGUISH SENSE
FROM NONSENSE
6 ACCEPT CHANGE
AS INEVITABLE
7 ADMIT MISTAKES
8 SAY IT SIMPLE
9 BE CALM
10 SMILE

Wie man besser arbeitet.

1 Erledige eine Sache nach der anderen.

2 Erkenne das Problem.

3 Lerne zuzuhören.

4 Lerne, Fragen zu stellen.

5 Unterscheide Sinn von Unsinn.

6 Akzeptiere Veränderung als unvermeidbar.

7 Stehe zu deinen Fehlern.

8 Sag es mit einfachen Worten.

9 Sei gelassen.

10 Lächle.

Hinweis zu den Quellen

Wie eingangs schon erwähnt, habe ich mich beim Verfassen dieses Buches ausschließlich allgemein zugänglichen Wissens und entsprechender Quellen bedient. In keinem Fall wurden ganze Textpassagen kopiert. Eingefügte Modelle wurden an jeweiliger Stelle ihren Urhebern zugeordnet. Desgleichen bin ich in den meisten Fällen mit Bildmaterial verfahren (Ausnahmen siehe folgende Seite).

Sollte sich jemand in seinen Urheberrechten verletzt fühlen, so ist dies nicht mit Absicht geschehen. In diesen Fällen bitte ich bereits an dieser Stelle um Verzeihung und um sofortige Benachrichtigung an die Adresse meines Verlages.

Herzlichen Dank.

Bildquellen

Mit freundlicher Genehmigung © Disney
The Walt Disney Company (Germany) GmbH

Seite 75: Die Duck-Familie

shutterstock.com, Standardlizenzen, Juni 2017

Seite 81: Tätowierte Frau
Bild ID: 140994928, Foto: Anna Maltseva

Seite 81: Maori-Krieger
Bild ID: 310051703, Foto: Yevgen Belich

Seite 91: Sokrates
Bild ID: 118040215, Foto: Anastasios71

Seite 111: Pudel
Bild ID: 154232624, Illustration: MaKars

wellcomeimages.org

Seite 118: Australischer Medizinmann
http://wellcomeimages.org/indexplus/image/L0003745.html

Ich schreibe, also bin ich

Christoph Breitenmoser, geb. 1960, aufgewachsen in einem ländlich-katholischen Mikrokosmos im Osten der Schweiz, war nach seinem betriebswirtschaftlichen Studium den Großteil seines Berufslebens als leidenschaftlicher Projektleiter, Berater, Coach und Trainer tätig. Heute lebt er mit seiner Familie in einer kleinen Stadt auf der Schwelle zwischen der deutschen und französischen Schweiz.

Mit dem vorliegenden Buch wagt er sich zum ersten Mal in die Gefilde der Fachliteratur und konnte es vielleicht deshalb nicht lassen, hie und da auf seinen bevorzugten prosaischen Schreibstil zurückzugreifen.

Bücher vom selben Autor:

Krokodilsommer
Roman
Taschenbuch, ca. 400 Seiten
Erschienen 2014 bei Fux & Rabe

Die Rose des Prinzen
Erzählung frei nach
Antoine de Saint-Exupéry
Gebundene Ausgabe, ca. 80 Seiten
Erschienen 2015 im Karl Rauch Verlag